はじめに

「自分には語彙力がない」
「大人にふさわしい語彙力を付けたい」

　きっと、そうした気持ちで本書を手に取ってくださったのではないかと思います。

　さて、語彙力とはそもそも何でしょうか?

　言葉や表現の引き出しが多いこと。一般にはそう考えられています。

　しかし、単にたくさんの言葉を知っていれば良いというものではありません。

　実際のビジネスや人付き合いの場面となると、むやみに難しい言い回しをするのは考え物です。相手に通じないケースもありますし、威圧感や壁を感じさせてしまう恐れもあります。せっかく言葉を勉強したのに、「小難しいことばかり言うイヤなヤツ」と思われてしまったら、逆効果です。

　言葉の引き出し自体を増やすのは基本中の基本として、その上で大人が身につけるべき能力は、それぞれの場面を的確に見きわめ、それにふさわしい引き出しを開けられる力、つまり、調整力ではないでしょうか。

　例えば、もう何年もともに仕事をしてきた、同年代の取引先との打ち合わせで、「先日の一件では、多大なるご尽力を賜り

大人の
語彙力
使い分け辞典

吉田裕子

永岡書店

ました」と口にしたら、いかがでしょうか。かえって、よそよそしい雰囲気を感じさせてしまうのではないでしょうか。気心知れた仲間であれば、「先日は色々とご面倒をかけてしまいました。おかげで助かりました」と言う方が馴染みます。

　もちろん、長年の付き合いがある場合でも、多大な迷惑をかけてしまい、相手が気分を害しているように見受けられれば、普段よりも丁重な言葉を使って、真摯に謝罪する必要があります。

　このように、==言葉遣いには空気を読む力が欠かせません。==
空気。

　そう言うと漠然としているようですが、空気はTPOという言葉に具体化できます。よくファッションに関して用いられる概念ですが、言葉遣いを考える上でも参考になります。

　私はTPOにP（Person）を加えて、TPPOを意識することをご提案しています。==自分の置かれた状況を、TPPOの観点から分析するのです。==

- Time 　　どういう時なのか。
- Place 　　どういう場なのか。
- Person 　どのような相手か。
- Occasion　どのような場合か。

実際のコミュニケーションにおいては、これらの要素が複雑に絡み合って空気が醸し出されているものです。

同じ初対面の挨拶という Occasion でも、業界の大御所に挨拶するのと、友人の友人（同年代）に挨拶するのとでは、全く違う言葉遣いになるはずです。そして、同じ相手（Person）でも、日常的なやり取りと、厄介な仕事の依頼とでは、言い方が変わってくるでしょう。

==求められるのは、たくさんの言い回しを知った上で、「ちょうどいい言葉」を使い分けることができる、実践的な語彙力なのです。==

そのため、本書においては、語彙力の中でも、同じ内容の言い方のバリエーションに重点を置きました。

硬い言葉、やわらかい言葉。
上品な言い方、親近感のある言い方。
ストレートな表現、曖昧な表現。

一つの状況に複数の言い回しを紹介しています。これらを学ぶことで、様々な状況に的確な言い方が選べることを目指します。

特に第1部では、それぞれのシチュエーションに対して3段階の言い方を取り上げました。例えば、

LEVEL 1 身近な同僚、長い付き合いの取引先
LEVEL 2 先輩や上司、取引先
LEVEL 3 （サービス業の）顧客応対

の3段階や、

LEVEL 1　恐縮する度合い［中］
LEVEL 2　恐縮する度合い［強い］
LEVEL 3　恐縮する度合い［とても強い］

の3段階です。

　それぞれの段階に応じて、適切と思われるフレーズを解説付きでご紹介しています。レベル分けも参考にしながら、**その場その場にぴったりな「ちょうどいい言葉」**を用いていただけたら、と存じます。

　言葉遣いは、言葉における、お化粧や身だしなみのようなもの。あれこれ気にせねばならず、面倒に感じられる面もありますが、うまく利用すれば、自分の武器になります。語彙力はあなたをより魅力的に見せ、あなたの説得力を増やしてくれる道具です。

　言葉を敵だと思わないで、楽しみながら学んでください。身に付けた語彙力は、あなたの強力な味方になります。

国語講師　吉田裕子

はじめに ——————————————————————————— 2

第1部

仕事で本当に使える言葉の使い分け

Part 1　お礼を言うときの使い分け

- キホンの「ありがとう」 ———— 10
- 相手の協力で上手くいったと伝えるとき 11
- 日頃からの付き合いに感謝する ———— 12
- 訪問に感謝して迎え入れるとき ———— 13
- 手伝ってくれたお礼 ———— 14
- 展示会やパーティー、
  自宅に招待されたお礼 ———— 15
- 仕事を依頼されたときのお礼 ———— 16
- ご馳走になったときのお礼 ———— 17
- 連れて行ってもらったお店を褒める 18
- 高価な物をもらったときのお礼 ———— 19
- 会ってもらうなど時間を
  割いてもらったことのお礼 ———— 20
- 褒められたときのお礼 ———— 21
- 人前で、部下や子どもを
  褒められたときのお礼 ———— 22
- 人や会社を紹介してもらったお礼 ———— 23
- 厳しい言葉をかけられたときのお礼 24
- ミスを許してもらえたときのお礼 ———— 25
- 優しさに感謝するとき ———— 26

Part 2　依頼をするときの使い分け

- 自分の都合で依頼するときの前置き 28
- もし可能であれば、
  と遠慮がちに頼むとき ———— 29
- 無茶振りをするとき ———— 30
- 至急対応して欲しいとき ———— 31
- 助言・アイデアが欲しいとき ———— 32
- 見て欲しいとき ———— 33
- 必ず来て欲しいとき ———— 34
- 出席可否の返信を急かすとき ———— 35
- 指導して欲しいとき ———— 36
- 持ち物を伝えるとき ———— 37
- ドレスコードがあると伝えるとき ———— 38
- ちょっとしたお使いをお願いするとき 39
- プライベートには踏み込まないよう
  頼むとき ———— 40
- 自分一人で責任を持って
  取り組んで欲しいと頼むとき ———— 41

Part 3　意向・気持ちを伝えるときの使い分け

- 頑張ることを宣言するとき ———— 44
- 相手のことを前から知っていたと
  伝えるとき ———— 45
- はっきり言えないことを相手に察して欲しいとき 46
- 問題ないことを伝えるとき ———— 47
- 相手の言ったことに同意するあいづち 48
- 用件を聞き入れたとき ———— 49
- 依頼を快諾するとき ———— 50
- 相手の話を良いと思ったとき ———— 51
- 尋ねられたが、自分も分からないとき 52
- 自分や家族、自社の自慢めいた話を
  するとき ———— 53
- 案内・手配してくれたものに
  満足したとき ———— 54
- こちらに任せて欲しいと伝えるとき ———— 55
- 重要な局面に差し掛かるとき ———— 56
- 言い過ぎかもしれないが、とことわるとき 57
- 名刺の持ち合わせがないことを
  伝えるとき ———— 58
- 二つのものが全然違うと述べるとき ———— 59

Part 4　質問するときの使い分け

- 受付などで氏名を尋ねるとき —— 62
- 氏名の読み方を尋ねるとき —— 63
- 予定を尋ねるとき —— 64
- 今、話して良いか尋ねるとき —— 65
- 自分の説明が終わって
  不明点がないか聞くとき —— 66
- ご馳走し、その感想を尋ねるとき —— 67
- 意見を求めるとき —— 68
- 期限に間に合わないので、
  延ばせるか尋ねるとき —— 69
- 近況を尋ねるとき —— 70
- 込み入った事情を聞く前置き —— 71
- 困っている人に手伝えることはないか
  尋ねるとき —— 72
- 話の要点を尋ねるとき —— 73
- 料理の希望を尋ねるとき —— 74
- 〆切を問い合わせるとき —— 75

Part 5　詫びる・断るときの使い分け

- できないと伝える —— 78
- 相手を怒らせてしまったとき —— 79
- 手間をかけることを詫びる —— 80
- 相手の許しを請う —— 81
- 依頼を受けられないことを詫びる —— 82
- 忙しいことを理由に断る —— 83
- 自分には難し過ぎるオファーを断る — 84
- 申し訳ない気持ちを込める —— 85
- 忘れていたことを詫びる —— 86
- うっかりの失言を詫びる —— 87
- 反省していることを伝える —— 88
- 同じミスはもうしないと宣言する— 89
- 予定したことを急遽とりやめる— 90
- ドタキャンになってしまうことを
  詫びる —— 91
- 相手の厚意を辞するとき —— 92
- 家や会社、集まりに来るよう
  誘われたのを断る —— 93
- 雑談や電話をこちらの都合で切る — 94
- 飲み物や食べ物などのすすめを断る 95
- 贈り物を断る —— 96

Part 6　苦情を伝えるときの使い分け

- 無理な仕事を頼んでくる相手に
  釘を刺す —— 98
- 問題点をズバリ指摘するとき —— 99
- はっきり答えるよう詰め寄るとき — 100
- 失敗の原因が相手にあると
  責めるとき —— 101
- 相手の認識違いを指摘する —— 102
- 催促するとき —— 103
- パワハラ・アルハラ・セクハラを
  受けたとき —— 104
- 相手の説明が分かりにくいとき — 105
- これからは気を付けて欲しいと
  言うとき —— 106
- 苦情を切り出すとき —— 107
- 同意できないことを伝えるとき — 108
- 騒音をやめて欲しいとき —— 109
- 注文した商品が届かないと
  クレームを入れるとき —— 110
- 静かにして欲しいと訴えるとき — 111
- 常識的な対応を欠く
  相手に対してのクレーム —— 112
- 現状ではマズいと問題提起するとき 113

Part 7　挨拶をするときの使い分け

- 初めて会う相手に ——————— 116
- 初対面で、会えて嬉しいと伝えるとき 117
- 久しぶりに対面（連絡）するとき —— 118
- 旅行の土産、手土産を差し出すとき — 119
- お礼を言われたとき ——————— 120
- スピーチで本気で取り組むと
  語るとき ——————————— 121
- 来客を帰すとき ———————— 122
- 病気やけがで、
  入院や休職される方に ————— 123
- お酒を勧められたが、
  下戸で飲めないとき —————— 124

- 先に帰るとき ————————— 125
- 激励の声をかけるとき ————— 126
- 受験や資格試験などの合格を祝うとき 127
- 結婚を祝うとき ———————— 128
- お悔やみを述べるとき ————— 129
- 年賀状での新年のご挨拶 ———— 130
- 見送りは不要と伝えるときの
  別れの挨拶 —————————— 131
- 電話で、今いないことを伝えるとき 132
- 思わぬところで人と会ったとき — 133
- 乾杯の音頭を取るとき ————— 134
- 転職先でも頑張るよう励ますとき 135

Part 8　メールをするときの使い分け

- まずは受け取ったという点の
  報告をするとき ———————— 138
- すぐにする必要はないが、
  検討して欲しいと言うとき —— 139
- 添付ファイルを間違えたことを
  詫びるとき —————————— 140
- 打ち合わせをお願いするとき — 141
- 打ち合わせの日程候補を
  出してもらうとき ——————— 142
- 以前に送ったメールや郵送物の
  到着確認をするとき —————— 143

- 相手の希望に添えないが、
  分かってもらいたいとき ——— 144
- メールの末尾での挨拶 ————— 145
- メールの末尾での体調への気遣い 146
- 行き違いになった場合のお詫び — 147
- 質問に回答するとき ————— 148
- 初めて連絡するとき ————— 149
- 電話番号などの変更を知らせるとき 150
- 添付ファイルの存在を強調するとき 151

- コラム ——————— 42／60／76／114／136／152

第2部

社会人として知っておくべき言葉の使い分け辞典

Part 1　ワンパターン表現　153

Part 2　ビミョーに似ている言葉　169

Part 3　どっちを使えばいいの？　181

\第1部/

仕事で本当に使える言葉の使い分け

お礼を言うときの使い分け

しっかりお礼を言うのはコミュニケーションや人間関係の基本ですね。でも「ありがとうございます」ばかりでは単調で、しつこい感じです。多様なフレーズで感謝を述べられれば、好印象間違いなしです。

キホンの「ありがとう」

お礼と言えば、どうしても「ありがとう」のワンパターンになりがち。薄っぺらく聞こえてはもったいないですね。「ありがとう」の語源を踏まえて使ったり、別の表現を選んだりすることで、より心のこもった印象に。

 感謝の度合い［普通］

ありがとうございます。

この言葉、漢字では「有難う」と書きます。有るのが難しい、めったにないほど素晴らしいと相手の心遣いを讃える言い方なのです。その気持ちをこめて使えば、より温かい響きになるのでは？

 感謝の度合い［深い］

心より御礼申し上げます。

日常に飛び交う「ありがとう」とは別の言葉を選ぶことで、丁寧に感謝を伝える印象が生まれます。「心より（心から）」の他には、「厚く」「誠に」、手紙や書面では「衷心より」という表現があります。

 感謝の度合い［とても深い］

かたじけなく存じます。

あまりにありがたくて、かえって恐縮し、申し訳なく感じる心理を言葉にしています。むしろすみませんといった心境です。他に、深い感謝を伝える表現に「感謝の念にたえません」もあります。

相手の協力で上手くいったと伝えるとき

手伝ってくれた人、助けてくれた取引先には、しっかりと感謝を伝えましょう。それでこそ、今後も協力してもらえるというものです。「無理を申しましたのに」「Aさんでなくては難しかったかと」など、一言添えると◎。

LEVEL 1　社内やいつもの取引先からの協力

Aさんのおかげで、上手くいきました。

相手の協力が成功につながったことをはっきり伝えましょう。それでこそ相手も手伝った甲斐があるというものです。「Aさんの力で」「御社のご支援で」とストレートに伝えます。

LEVEL 2　取引先からの協力

おかげさまで、成功いたしました。

「さま」を付けて、もう一段階の敬意と感謝を。成功の報告は、「無事に終わりました」「順調に運びました」「つつがなく終えることができました」などの言い方もできます。

LEVEL 3　書面でのお礼

A様のお力添えにより、成功裏に終えることができました。

「お力添え」や「成功裏に終える」といった表現を用いることで、格式ある印象になります。他に、相手の労苦を想像しての「お骨折り」、漢語での「ご助力」「ご尽力」などを使うこともできます。

ケース 03

日頃からの付き合いに感謝する

目をかけてくれる人、助けてくれる人に感謝する気持ちを表します。「おはようございます」「こんにちは」などの挨拶だけで終わらず、こちらのフレーズを添えられると良いでしょう。

LEVEL 1 取引先、知人などに

いつもお世話になっております。

顧客相手なら「いつもお引き立て（ご愛顧）ありがとうございます」と言います。社内の人間同士では、それぞれの職場の決まり文句に合わせましょう。「お疲れ様です」と言うところが多いようです。

LEVEL 2 特に気を遣う相手に

常日頃のたいそうなお心遣い、痛み入ります。

「痛み入る」は、相手の親切に恐縮し、感じ入る様子を表したものです。類義表現に「恐れ入ります」「恐縮です」「かたじけないことです」があります。

LEVEL 3 ビジネスの書面で

平素より格別のご厚誼ご支援を賜り、厚く御礼を申し上げます。

書面での通知、挨拶状などの冒頭によく見られる表現です。「平素」は「ふだん」の意。「ご厚誼」の代わりに「ご厚情」「ご高配」を使うことも多いです。

ケース 04

お礼を言うときの使い分け

訪問に感謝して迎え入れるとき

自分でなく、相手がわざわざ足を運んでくれた。その手間暇(かい)に感謝し、お礼を言います。「来た甲斐があった」と思ってもらえる、心をこめた挨拶で迎えましょう。

LEVEL 1　社内やいつもの取引先、友人・知人に

わざわざ来てくれてありがとうございます。

相手に合わせて「来ていただき」「お越しくださり」とランクアップしましょう。「〜てくれる」「〜ていただく」「〜くださる」は、相手が自分のために何かをしてくれることに感謝する言い方です。

LEVEL 2　取引先・顧客に

ご足労をいただき、ありがとうございます。

忙しい時期なら「ご多用の中」、遠くから来てくれたなら「はるばる」、雨や雪の日なら「お足もとの悪い中」を添え、来訪をねぎらう気持ちを表します。

LEVEL 3　あらたまった場で

ようこそお運びくださいました。

「足を運ぶ」の「足を」が落ちて、自動詞として使われている表現です。少し古風で奥ゆかしい印象です。「ようこそ」は「よくぞ」と同じような言葉で、相手が来てくれたことを讃(たた)えているのです。

手伝ってくれたお礼

時間を割き、手間をかけて手伝ってくれた人にはきちんとお礼を言いたいものです。相手のおかげで助かったことを素直に伝えると良いでしょう。目上の人相手でも使いやすい言い方をご紹介します。

 LEVEL 1 同僚や身近な知人に

何かと手伝ってくれて、本当に助かりました。

「本当に」「実に」「大変」「誠に」などを添えて、助けられた感謝の思いを表現しましょう。

 LEVEL 2 職場の先輩・上司、年上の知人に

様々にお力添えをいただきました。

「手伝う」を「ご協力」「ご尽力」「お力添え」など、一段あらたまった言い方にします。「あれこれ」「いろいろ」より、「様々に」「何から何まで」「一から十まで」「多方面にわたって」の方が◎。

 LEVEL 3 特に気を遣う相手、取引先に

ひとかたならぬご助力を賜り、伏して御礼申し上げます。

言葉の格を上げると、真摯に感謝する姿勢が伝わります。「ひとかたならぬ」は並外れたこと。「賜る」(いただく)、「伏して」(平伏して)と格式ある言葉も取り入れ、深い感謝を表しましょう。

ケース 06

お礼を言うときの使い分け

展示会やパーティー、自宅に招待されたお礼

会に呼ぶのでも自宅に招くのでも、呼ぶ価値のある人物だと認めているからこそ声をかけるのです。その名誉をありがたく受け止め、謝意を伝えましょう。相手のところにお邪魔させてもらうという、慎みの意識を忘れずに。

LEVEL 1　同僚やいつもの取引先、友人・知人に

呼んでくださって、ありがとうございます。

「〜してくれる（くださる）」という言い方に、相手の厚意に感謝する気持ちをこめます。ストレートに「お招きに感謝します」などの言い方でも良いでしょう。

LEVEL 2　取引先、年上の知人に

ご招待をいただき、ありがとうございます。

「ご招待（お招き）ありがとうございます」でも構いません。招かれたのが光栄である気持ちを丁重に伝えましょう。

LEVEL 3　特に気を遣う相手、あらたまった場に

お招きにあずかり、光栄に存じます。

「〜にあずかる」というのは、目上の人からの評価や親切を受けることを言う、格式ある表現です。この表現を用いることで、招待をありがたく、恐れ多く思う気持ちが伝わります。

ケース 07

仕事を依頼されたときのお礼

「売上が上がる、ラッキー♪」という本音は封印。自分の力や自社の商品を認めてもらい、嬉しく名誉に思う気持ちを中心に表現したいところです。相手との関係性や仕事の大きさで言い方を調整しましょう。

LEVEL1　社内やいつもの取引先からの依頼

これは、**どうも**ありがとうございます。

「どうも」「本当に」などの語で、認めてもらった嬉しさをこめて伝えましょう。

LEVEL2　取引先からの依頼

今回は**嬉しいご連絡**、誠にありがとうございます。

ビジネスの挨拶にも少し感情をにじませると、関係が温まります。繰り返しの依頼には、「毎度ありがとうございます」「いつもお引き立てをいただき、御礼申し上げます」などの言い方もできます。

LEVEL3　初めての取引先からの依頼、大きな仕事の依頼

この度は光栄なご連絡を賜り、恐縮に存じます。

「今回」→「この度」、「嬉しい」→「光栄な」と、あらたまった言葉を選び、依頼を厳粛に受け止める姿勢を表現します。「謹んでお受けします」「微力ながら、力を尽くします」という気持ちです。

ケース 08

お礼を言うときの使い分け

ご馳走になったときのお礼

奢ってもらうのはありがたいこと。奢られて当然、という態度はもってのほかです。しつこくない範囲で、しっかりとお礼を伝えたいものです。あまりお金のにおいを感じさせない表現を選ぶと、上品に聞こえます。

LEVEL 1 同僚や先輩に

ご馳走様でした。

お会計前後、お礼のメール、次に会ったとき、3度お礼を言うのが良いとされています。「ご馳走様でした」は、どのタイミングでも使える表現です。手料理や差し入れに対するお礼にも。

LEVEL 2 上司や取引先に

お言葉に甘えさせていただきます。

「ご馳走様でした」と合わせて使うのも良いでしょう。相手の器の大きさを立てる言い方です。取引先や近所のお付き合いなら、「次回はこちらで持たせてください」と申し出るのも良いでしょう。

LEVEL 3 特に気を遣う取引先に

思いがけないご厚意、痛み入ります。

「痛み入る」は、恐縮する気持ちを表す言葉です。「思いがけない」と付けることで、「別に、はなから奢ってもらうつもりではなかったんです」という思いをにじませます。

ケース 09

連れて行ってもらったお店を褒める

お店を褒めるとともに、相手の眼力・センスを褒めることで、連れて行ってもらった感謝の気持ちを伝えましょう。気を良くした相手が、また連れて行ってくれるかも……!?

LEVEL 1 身近な友人・知人や同僚に

ナイスチョイス。やっぱり、Aさんはいいお店を知っているね。

相手の気分を良くするあいづちに、「さすが」「知らなかった」「すごーい」「センス良い」「そうなんだ」という「さしすせそ」シリーズがあります。「ナイスチョイス」も、センスを褒める表現です。

LEVEL 2 先輩や年上の知人に

さすが、Aさんは結構なお店をご存じですね。

「さすが」は「前からすごいと思っていたが、やはり」の意。前々から評価していたことをさりげなく伝えます。「よくご存じなんですね」「お詳しいんですね」は自尊心をくすぐるフレーズ。

LEVEL 3 上司、年や立場の離れた人に

Aさんはやはりお目が高い。敬服いたします。

「目が高い」「見る目がある」「見る目は確かだ」という慣用句は、相手の鑑識眼・センスを褒める言葉です。「敬服する」は、感心し、尊敬の念を抱くこと。上から目線にならずに済む評価の言葉です。

ケース 10

高価な物を もらったときのお礼

「これから重宝することでしょう」とか「以前から気になっていたのです」などと素直な感想を添え、喜んでいる気持ちを伝えられると良いですね。「こんな高い物を」などと値段に注目した言い方はやめておきましょう。

お礼を言うときの使い分け

LEVEL1 同僚や身近な知人に

こんな素敵なものをありがとうございます。

値段よりは、自分の受けた印象、感想を表現する方が良いでしょう。「こんな」「これほど」「こうした」という部分に、驚きや感動をこめて言うようにしましょう。

LEVEL2 職場の先輩、年上の知人に

お心のこもったお品(しな)を賜り、 誠にありがとうございます。

品物の高い安いより、良いものを選んでくれた相手の気持ちに注目する表現です。他に「お心づくしの」「真心のこもった」など。「もの」を「お品」と言ったり、「賜る」と言ったりする上品さも◎。

LEVEL3 上司や取引先に

結構なお品を頂戴し、恐れ入ります。

お付き合いの中で、お中元やお歳暮、お祝いの花や贈り物をもらったときには、お礼状を出したいものです。こういうときには「上等な」「格別の」「見事な」などが使われます。

会ってもらうなど時間を割いてもらったことのお礼

Time is money. 時は金なり。忙しい日々、限られた余裕の中で、人のために時間を割くのはなかなかのストレスです。その重み、厚意を受け止めている点を明確に言葉で表しましょう。

 LEVEL 1 同僚や身近な知人に

忙しいのに、
時間を割いてくれてありがとう。

わざわざ時間を割いてくれた。その相手の親切さを分かっていることを伝えます。会への参加などに感謝する場合は、「時間をやりくりしてくれて」「都合を付けてくれて」と言うのも良いでしょう。

 LEVEL 2 職場の先輩、取引先、年上の知人に

お忙しい中
お時間を取っていただき、恐れ入ります。

「ありがとう」という感謝と同時に、遠慮する気持ちも伝えましょう。過度に謝り続ける必要はありませんが、「恐れ入ります」「恐縮です」など、一言添えるのが望ましいです。

 LEVEL 3 上司や初めての取引先に

ご多用の折、
貴重なお時間を頂戴いたしました。

相手の時間の大切さを分かっていると伝える言い方です。相手の忙しい状況を言う表現に「ご多用の折（中）」があります。「ご多忙」より「ご多用」の方が一段、上品な印象です。

ケース 12

お礼を言うときの使い分け

褒められたときのお礼

褒められたら素直に「ありがとう!」と言えれば良いのでしょうが、シャイな日本人にはなかなか難しいものです。謙遜しながら受け止める言い方をご紹介します。

LEVEL 1 同僚や付き合いの長い仕事相手に

とんでもないことです。

相手の褒め言葉に見合うような、そんな優れた人間ではない、と謙遜する言い方です。なお、「とんでもない」で一つの言葉だと捉えられていますので、「とんでもありません」とは言わない方が。

LEVEL 2 上司や取引先に

私のような者には
もったいないお言葉です。

恐縮しつつ、相手の言葉をありがたがる気持ちも表せる言い方です。なお、一つの手として、相手を褒め返す方法もあります。「Aさんに褒めていただけるとは」「A様のお眼鏡に適い、光栄です」。

LEVEL 3 あらたまった場で

過分なお褒めにあずかり、光栄です。

パーティーや授賞式などで褒める形で紹介をされたときなどに、このように受けると良いでしょう。己の「分」不相応な言葉ということ。似た言い方に「身に余るお言葉を頂戴し」もあります。

ケース 13

人前で、部下や子どもを褒められたときのお礼

「そうでしょう。自慢の○○です!」と応じたいところですが、人の目があるときには、(多少、)謙遜(けんそん)する方が好印象です。とはいえ、否定し過ぎるのも、当人に聞こえたら失礼な話。うまく乗り切る言い方を紹介します。

LEVEL 1　社内やいつもの取引先、友人・知人に

○○さんに認めてもらえて、本人も喜ぶと思います。

「褒める」は「認める」「評価する」と言い換えることができます。この後に、「本人に申し伝えます」と一言添えると◎(「申し上げます」と言うと、身内を敬うという敬語の誤用になるので、注意)。

LEVEL 2　取引先や気を遣う親戚に

○○さんに褒めていただけるとは、ありがたいことです。

こう言うことで、相手を立てています。「ありがたいことです」の、よりあらたまった言い方には、「ありがたき幸せです」「幸甚(こうじん)に存じます」があります。

LEVEL 3　あらたまった場で

○○さんのお褒めにあずかり、本人にとりまして大変な栄誉でございます。

「~にあずかる」(目上の人からの評価などを受ける)という表現を使って、相手を敬う気持ちを表しています。「~にとって」を一段階丁寧にしたのが「~にとりまして」。

人や会社を紹介してもらったお礼

仕事でもプライベートでも、人を紹介するというのは気を遣うものです。間に入ってくれた人は、その後どうなったか心配しているはずです。報告とともに謝意を伝えて、安心させてあげましょう。

 同僚や友人・知人に

紹介してくれて助かりました。ありがとう。

率直にお礼を伝える言い方です。「紹介する」の他に、「仲介する」「橋渡しをする」「仲立ちをする」「仲を取り持つ」「間に入る」「取り次ぎをする」「仲人役を果たす」などの言い方もあります。

 上司や取引先、気を遣う相手に

お取り成しいただき、心より御礼申し上げます。

「お取り成しいただき」「お取り計らいくださり」は、人や会社との縁をつないでくれたことを言う、上品な言い方です。間に入ってあれこれ心を砕いてくれた人の労力や気遣いに感謝しています。

 メール・手紙などの書面で

ご仲介の労を執ってくださり、感謝申し上げます。

「〜の労を執る」は「人のために、わざわざ何かをする。尽力する」という意味の格式ある言葉です。「ご仲介」「ご紹介」「お取り成し」「お取り計らい」などを入れて使います。

厳しい言葉を
かけられたときのお礼

言われるうちが花、といいます。注意・指摘してもらえるのは有難いことで、言われているうちに感謝して忠告を聞き入れなさい、という教訓。見捨てられ、期待されなくなると、何も言われなくなるものです。肝に銘じたいですね。

 同僚や友人・知人に

はっきり言ってくれて良かったです。助かります。

「はっきり」「ずばり」「本音で」言ってくれたからこそ、自分のためになった、ということを伝えます。「これからは気をつけるよ」などの宣言も一緒に。

 上司や取引先、気を遣う相手に

率直なご指摘をいただき、ありがたく存じます。

「厳しい」「きつい」などのネガティブな言葉を避けたい場合、「率直な」「的確な」「鋭い」といった語がもってこいです。言ってもらえることがありがたい、という謙虚な気持ちを伝えます。

 年がかなり上の相手に

厳しいご指導を賜り、痛み入ります。

叱られた後、明るく無邪気にお礼を言うのは憚(はばか)られますね。「痛み入る」は、感謝と同時に恐縮する思いも伝えられる言い方なので、こうした場面にぴったりです。

ケース 16

ミスを許してもらえたときの お礼

ミスはあってはならないことですが、誠実に対処すれば、許してもらえるときもありますね。仮に許してもらえたとしても、決して調子に乗ってはいけません。ここでは、謙虚に謝意を伝える言い方を取り上げます。

お礼を言うときの使い分け

LEVEL 1

 同僚や友人・知人に

許してくれてありがとうございます。

「〜してくれる」「〜してくださる」などの言い方で、相手の厚意をありがたがる気持ちを表します。他に「お目こぼし、助かります」「見逃してくれて、感謝いたします」など。

LEVEL 2

 上司や取引先に

寛大なご対応、恐縮の限りです。

許してくれた相手の寛大さ、器の大きさを立てる言い方です。「寛容な」「情け深い」「慈悲深い」など。「太っ腹な」は少々くだけて聞こえるので、避けた方が良いでしょう。

LEVEL 3

 顧客、気を遣う取引先・知人に

寛大なご措置を賜り、
かたじけなく存じます。

「ご措置」の代わりに「ご処置」「ご判断」などでもＯＫ。「かたじけない」は、相手の親切がありがたくて、恐れ多い、という気持ちを表す言葉。さらには、申し訳ないと恐縮する態度も伝えます。

優しさに感謝するとき

相手の親切にお礼を言います。支えてくれたり手伝ってくれたりしたときに使いたいフレーズです。言葉で感謝を伝えると同時に、表情や声のトーンでも、相手の優しさに感じ入っていることを伝えましょう。

 同僚や友人・知人に

親切にありがとう。

様々なことを手伝ってもらったり、長期間にわたってサポートしてもらったりしたときは、「何から何まで」「至れり尽くせりで」「あれこれと」「何かと」と添えましょう。

 上司や取引先に

温かいお気遣い、ありがとうございます。

親切のことは「お気遣い」「お心遣い」「お心配り」「ご配慮」「お取り計らい」などと言います。「温かい」「心温まる」などを付けると◎。後半は「心よりお礼申し上げます」「感謝いたします」とも言えます。

 ビジネスの書面やあらたまった手紙で

ご厚情に深く感謝申し上げます。

漠然と言う場合には、「ご厚情」「ご厚意」「ご厚誼（こうぎ）」「ご高配」などを用いますが、顧客に対しては「お引き立て」「ご贔屓（ひいき）」などを用いることもできます。「深く」の代わりに「厚く」「心より」も。

Part
2

依頼をするときの
使い分け

人に物を頼むのに「お願いします」の一本槍では、
押し付けがましく、引き受ける方もうんざりしてしまい
ます。状況に合わせてしっかりと言葉を使い分けれ
ば、無理そうなお願いでも引き受けてもらえるかもしれ
ませんよ!

自分の都合で依頼するときの前置き

こちらの都合で先方にお願いする際には、クッション言葉が欠かせません。本題の前置きとして、遠慮する気持ちを述べるのです。これをバリエーション豊かに覚えておけば、お願いを切り出しやすくなりますよ。

同僚や付き合いの長い仕事相手、知人に

わがままを言うようですが

厚かましいお願いをする場合、この依頼はわがままだということは自覚している旨を伝えた上で、「それでも、どうしてもお願いしないわけにはいかなくて……」という切実な思いを伝えましょう。

上司や取引先に

こちらの都合を申して恐縮ですが

自分の側に来てもらうようお願いするとき、先方には苦しい〆切を伝えるときなど、こちらの都合で相手に負担をかける際には、一言ことわりましょう。「恐れ入りますが」「すみませんが」も可。

貼り紙や書面での通知で

誠に勝手ながら

「誠に勝手ながら、〇日まで休業いたします」という貼り紙を見たことがありませんか。この「ながら」は逆接。「本当に勝手ではありますが」というクッション言葉です。

もし可能であれば、と遠慮がちに頼むとき

控えめに頼むときは、クッション言葉を付けたり、「〜していただくことは可能でしょうか」と疑問形で打診したりするようにしましょう。「〜していただけたら幸いです」という柔らかい言い方も良いですね。

依頼をするときの使い分け

LEVEL 1 同僚や付き合いの長い仕事相手、友人・知人に

できれば

親しき中にも礼儀あり。お願い事は丁重に頼みましょう。「宜しければ」「もしできそうなら」「大丈夫なら」「可能な範囲で」と、相手に無理をさせない言い方で頼みましょう。

LEVEL 2 顧客や取引先に

差し支えなければ

「不都合でなければ」「支障がなければ」ということですが、「差し支え」「差し障り」のように、大和言葉や古風な言葉を取り入れると、奥ゆかしい印象になり、厚かましい印象が軽減されます。

LEVEL 3 上司や目上の知人に

お時間が許せば

押し付けがましくならないよう、もし、万一というニュアンスで頼みましょう。「もしご都合がつくようでしたら」という控えめな感じです。「お手すきのときがおありでしたら」。

無茶振りをするとき

無茶を言っていることを十分に自覚した上で、謝りながら頼みましょう。ただ、このクッション言葉を付ければ、どんな依頼でも言って良いというわけではありませんよ。

LEVEL 1　同僚、友人・知人に

無理を言って悪いんだけど

「無茶振り」は少々くだけた言葉なので、こうした言い方で、無茶振りを自覚している旨を伝えましょう。「悪いんだけど」の代わりに「申し訳ないんだけど」「ごめん」などを続けても良いでしょう。

LEVEL 2　上司・先輩や長い付き合いの相手に

難しいお願いかとは存じますが

「無理」の便利な言い換え言葉に「難しい」があります。この前に「少々」「かなり」などを付けて言うこともできますし、「日程的に」「予算的に」など、状況を具体化して言うこともできます。

LEVEL 3　取引先や顧客に

このようなご無理をお願いするのは忍びないのですが

こちらとしても苦しい思いをしてお願いしていることを伝えます。「忍びない」は「見るに忍びない」などとも使うように、心苦しくて耐えられない、という意味の言葉です。

ケース 04

至急対応して欲しいとき

至急であることを伝える際、職場によっては、「なるはや」(なるべくはやく)、「ASAP」(As soon as possible) なども用いるかもしれません。他に、汎用性の高い、大人の言い方をいくつかご紹介いたします。

依頼をするときの使い分け

LEVEL 1 同僚や付き合いの長い仕事相手に

できるだけ早く

「できるだけ」と和語で言うことで、督促するキツさを和らげることができます。あえて緊急性を強く訴える場合、「迅速に」「即座に」「直ちに」といった表現もあります。

LEVEL 2 上司や取引先に

早急に

原則としては「さっきゅうに」と読みます(「そうきゅうに」と読む人も増えています)。少し硬い感じのする言葉ですので、切迫感を相手にも伝えられるでしょう。

LEVEL 3 書面の中であらたまった言い方

可及的速やかに

「可能な限り速く」という表現。契約書などの書面で他に「遅滞なく」という言い方も。これは、遅れることなしに、滞りなく、という意味で、誠意をもって対応することを求める表現です。

ケース 05

助言・アイデアが欲しいとき

助言をもらおうとするときには、相手の見識や経験に感服し、どうしても教えを乞いたい、という気持ちをこめてお願いしたいものです。相手を持ち上げ、自分を下げて、というつもりで頼みます。

LEVEL 1 同僚、知人に

何か**アドバイスを**いただけないでしょうか。

相手の時間を奪うわけです。単に「アドバイスしてください」と言うのも、少し不躾（ぶしつけ）で横柄な感じがします。相手の意向を問う疑問文で、謙虚にお願いすると良いでしょう。

LEVEL 2 上司、年上の知人・親戚に

お力をお借りしたいのですが。

これは後ろに「よろしいでしょうか」「難しいでしょうか」などといったおうかがいが省略されています。「お知恵を」と言っても良いでしょう。

LEVEL 3 気を遣う相手、年配の方に

お知恵を拝借願えませんか。

同じ謙譲語でも「お借りする」より「拝借する」の方があらたまった言葉なので、相手を敬う気持ちが出ます。「是非ご意見をうかがいたいのですが」という頼み方もあります。

見て欲しいとき

見ても見なくても差し支えはないものの、できれば見てくれたら嬉しい、という程度であれば「ご笑覧ください」という言い方があります。笑い流すような感じでご覧ください、という意味です。

依頼をするときの使い分け

LEVEL 1 社内の人に

添付の資料を<mark>ご確認ください</mark>。

見てもらうことを言う動詞は「ご覧ください」が普通ですが、「ご確認ください」「ご一読ください」などの言い方にすると、きちんと中身を確認するよう促すニュアンスが出ます。

LEVEL 2 メールや郵送物で、取引先や顧客に

資料を添付しておりますので、<mark>ご査収ください</mark>。

「査」は「検査」「監査」「精査」などと使うように、よく見て細かく確認するという意味の字です。したがって「ご査収ください」と言えば、よく確認して受け取るよう頼んでいるわけです。

LEVEL 3 口頭で、目上の相手にお願いするとき

添付の資料に、<mark>お目通しの程</mark>よろしくお願いいたします。

一通り資料に目を通すことを言う「お目通しになる」を使いました。メールや書面などの書き言葉の場合、「ご高覧」「ご清覧」などの熟語を用いることもできます。

必ず来て欲しいとき

相手の忙しさが分かっていると、「絶対に来てくださいね！」と無邪気には誘えないものです。言い回しの力を借りて、角が立たないようにしつつ、確かに強い要求として伝えましょう。

 LEVEL 1 同僚や友人・知人に

必ずお越しください。

出席してもらわないと困るときにははっきり伝えましょう。「必ず」「確実に」など。あまりに強い印象になる場合には、「是非（是が非でも）」程度にします。

 LEVEL 2 上司や取引先に

極力ご参加いただきますよう、お願い申し上げます。

「極力」は「できる限り努力して」という意味の言葉です。漢語ならではの硬い雰囲気で、強さを出しましょう。少し弱めると「なるべく」です。

 LEVEL 3 書面での案内で

万障お繰り合わせの上、ご来臨を賜りますよう。

「予定を調整して！」という言い難い内容は、あらたまった言い方で伝えると良いでしょう。「ご来臨」は、出席してもらえることを名誉に感じるという気持ちを表しています。他に「ご臨席」。

ケース 08

出席可否の返信を急かすとき

会議・研修や懇親会の出欠を確認する場面です。取りまとめなくてはならないのに、なかなか返信が集まらないケースがありますね。そのときどのように督促するか、言い方を集めてみました。

依頼をするときの使い分け

LEVEL 1 同僚に

出席可否を 早めに ご返信ください。

緊急性の高い場合は「至急」「直ちに」などの語に置き換えると良いでしょう。「ご返信いただけますでしょうか」「ご返信願えますか」と疑問文でお願いする言い方もあります。

LEVEL 2 上司や取引先に

出欠の件、
既にご返信をいただきましたでしょうか？

「まだですよね！」と決め付けてかかると、思わぬ無礼になってしまうかもしれません（迷惑メールフォルダに入っていた、など）。念のための確認です、という方向性で送ると良いでしょう。

LEVEL 3 顧客に

お越しになれるかどうか、
お早めにお知らせ いただけますと幸いです。

言い方を間違えると、「まだ予定が分からないんだから仕方ないだろ！」などと怒らせてしまうかもしれません。責めているニュアンスを出さないよう細心の注意を払います。

指導して欲しいとき

人格的な刺激・影響も受けつつ、ある人のもとで学ぶことを「薫陶(くんとう)を受ける」「師と仰ぐ」と言います。楽器などの技術をある人に直接習うことは「師事する」です。ここでは、そのような指導をしてもらいたいと頼む言い方を挙げます。

LEVEL 1 上司や先輩に

引き続きご指導よろしくお願いします。

「ご助言」「アドバイス」と置き換えても良いです。この場合、具体的に何かを教えてもらうというよりは、部下として働く自分を見守り、ミスや欠点があれば指摘してください、ということですね。

LEVEL 2 年上の知人、習い事の先生に

これからもお導きの程、よろしくお願い致します。

「お導き」と大和言葉を使って言うと、上品な印象になります。習い事の先生など、専門的・技術的な指導をしてくれる相手に言うのであれば、「ご指南」という語も使えます。

LEVEL 3 挨拶やスピーチで

今後ともご指導ご鞭撻(べんたつ)の程、よろしくお願い申し上げます。

「鞭撻」は文字通り、鞭を打つことからできた言葉。怠らないよう、厳しく叱咤激励することです。自分を指導してもらうときに用います。「ビシバシ鞭撻するよ!」というふうには使いません。

ケース 10

持ち物を伝えるとき

「日時」「場所」「参加費」「持ち物」などを箇条書きで示すような書面の場合は、必要な物を単にリスト化して示せば十分です。ここでは口頭やメールの本文内で声をかけるケースを想定しました。

依頼をするときの使い分け

LEVEL 1 同僚や友人に

持ち物はA・B・Cです。

身近なメンバーに向けてであれば、持ち物はこれです、とシンプルに知らせれば良いでしょう。箇条書きで示してあげるのも親切な方法です。

LEVEL 2 先輩や上司を含むメンバーに

A・B・Cをご持参ください。

「持参」が元々「持って参る」という謙譲語の動詞を含む表現であることを踏まえ、相手の動作に「持参」は使わないと主張する人もいるようですが、文化庁からは問題ないという判断が出ています。

LEVEL 3 取引先・顧客に

お持ちいただきますようお願い致します。

あらかじめ記入するなど、手間のかかる物については、クッション言葉も付けて、「お手数ですが、ご用意いただきますようお願い致します」とすると良いでしょう。

ケース 11

ドレスコードがあると伝えるとき

あらたまった式典や華やかなパーティーの場合、一定以上の服装で来て欲しいケースがあります。あまり具体的に言うのも野暮で、相手の大人としての常識に任せることになりますが、若手など不安な場合は詳しく伝えましょう。

 LEVEL 1 同窓会などの集まりに

フォーマルな服装で来てください。

フォーマルと一言いえば、披露宴なら披露宴、二次会なら二次会、ホテルでのパーティーならパーティー、と状況に合わせ、調整した格好で来ていただけるはずです。

 LEVEL 2 取引先や目上の人をパーティーなどに招待するとき

フォーマルな服装でお越しいただければ幸いです。

こちらが招待しておいて、服装などに注文を付けるのは恐縮なことなので、遠慮がちにお願いすると良いでしょう。会の趣旨や場所がどこかを伝えておけば、相手も判断しやすいはずです。

 LEVEL 3 ゴルフ場やレストランなど、明示されたドレスコードがある場合

以下のドレスコードを遵守(じゅんしゅ)いただきますよう、お願い致します。

会場によってドレスコードが規定されている場合には、きちんと伝えないとトラブルになりかねませんので、具体的に伝えます。「遵守」は、決まりに背かず、よく守ること。「順守」とも書きます。

ケース 12

ちょっとしたお使いを
お願いするとき

本来自分がやるべきこと、自分がやれば済むことをお願いする際の言い方です。人にやってもらうのはかえって気苦労が大きいと感じる人もいるでしょう。こうした言い方を覚えておくことで、頼みやすくなるはずです。

依頼をするときの使い分け

LEVEL 1　恐縮する度合い［中］

お手数をおかけしますが

「お手数」の代わりに「お手間」「ご面倒」「ご迷惑」と言うこともできます。どこかに出向いてもらうときは「ご足労をおかけしますが」がよく使われます。

LEVEL 2　恐縮する度合い［強い］

お手を煩わせて恐縮ですが

「お手を煩わせる」は、人に手間をかけさせることをいう慣用句です。「お」で相手に対する敬意を表します。「お忙しい中すみませんが」「Aさんにやっていただくのも恐縮ですが」などでもOKです。

LEVEL 3　恐縮する度合い［とても強い］

お使い立てして申し訳ないのですが

自分の代わりに、会議などに顔を出してもらったり、伝言や物を届けてもらったりするときに使える表現です。わざわざ出かけてもらって申し訳ない、という恐縮・謝罪の気持ちを表せます。

プライベートには踏み込まないよう頼むとき

プライベートを誰にでも話せる人もいれば、仕事関係や近所の人には個人的な事情や趣味などを知られたくないという人もいます。オープンな人は時に、他の人にもオープンであることを求めがち。それを断る言い方です。

  同僚や知人に

それは、プライベートなことですので……。

軽く苦笑いをしながら言うと良いでしょう。越えられたくない一線を越えられた、これ以上は止めて欲しい、という不快感をやんわりと示します。

  上司や取引先に

外では個人的なことはお話ししないことにしております。

自分はそういうポリシーの人間だと毅然と示す言い方です。「オンとオフは、線を引くことにしているんです」とも言えます。これでは角が立ちそうであれば、下の言い方も参考にしてください。

  顧客に

お答えしかねることもございますので、ご理解いただければ幸いです。

答えられない旨を説明し、理解を求めます。しつこい場合には、「職場の規定上」あるいは「家族が嫌がりますので」のように、自分一人の判断では話すことができないと説明しましょう。

自分一人で責任を持って 取り組んで欲しいと頼むとき

あなたの担当する仕事なのだから、自分できちんとやって欲しい、と呼びかける言い方です。土壇場になってこちらにまで仕事が降ってくるのはごめんですね。前科のある人には、あらかじめ、釘を刺しておくようにしましょう。

依頼をするときの使い分け

後輩、部下に

自分自身の力でしっかりやり遂げてね。

他に「役割を全うしてね」「やり切って」「やり抜いて」など。いずれの言い方にしても、温かく励ますような雰囲気で言いたいものです。あまり高圧的な言い方では、パワハラになりかねません。

先輩、上司に

最後までご担当いただけますでしょうか。

あまりキツい言い方になってしまうと、目上の人に対して失礼になりかねません。「Aさんにやり通していただけたら助かります」など、責めるというよりは鼓舞する言い方で。

取引先に

A様のご責任で 完遂していただきたく存じます。

毅然とした態度で、ただし丁重な言葉遣いで臨むと良いでしょう。「完遂」はミッションをやり遂げる、やりおおせること。なお、読み方は「かんすい」。「かんつい」と誤読する人が多いようです。

ビジネスシーンで使えるクッション言葉

断るときは、とくに相手に失礼にならないようにクッション言葉を使いましょう。

残念さをにじませる

「先約があるので、無理です」

→

「あいにくですが、先約があって伺えません」

遠慮しつつ事情を説明

「弊社も繁忙期なので難しいです」

→

「こちらの都合を申して恐縮ですが、弊社も繁忙期なので、お手伝いするのは難しいです」

「せっかくのお誘いですが」「行きたいのは山々ですが」も使えます。

先に詫びる

「手伝えません。また別の機会に」

→

「お役に立てず申し訳ありませんが、また声をおかけください」

選んでくれたことに感謝する

「私には無理です。お引き受けできません」

→

「光栄なお話なのですが、荷が重く、お引き受けいたしかねます」

嬉しさ・誇らしさを表現。他に「名誉なお誘いですが」「身に余るお話ですが」

Part 3

意向・気持ちを伝えるときの使い分け

「○○したいです」「○○だと思います」ばかりでは少々子どもじみています。語彙を増やして使い分けることで、自分の気持ちや考えをより的確に伝えられるようになります。この章は特にワンパターンになりがちなシチュエーションが集められています。自己採点してみましょう。

頑張ることを宣言するとき

言う人のキャラクターにもよりますが、「頑張ります!」「一生懸命やります!」では、子どもっぽく聞こえる可能性が高いです。真摯な姿勢の伝わる、大人の言い方を覚えておきましょう。

 同僚の前で

全力を尽くします。

大きな仕事を頼まれた場合には、謙遜の意味をこめて、「微力ながら」「未熟者ではありますが」と前置きを言うと良いでしょう。他には「全身全霊で取り組みます」など。

 目上の人を前にして、口頭で

精進いたします。

根気強く努力し続ける姿勢が伝わる言い方です。何か具体的な仕事に取り組むときの決意にも、これから頑張ってやっていこうという漠然とした決意にも、どちらにも使える便利な言葉です。

 メールや文書・手紙で

鋭意努力いたします。

書き言葉の場合、少し硬いくらいの表現が似合います。鋭意は気持ちを集中して励む姿勢。他に四字熟語を用いた「誠心誠意努力いたします」「一意専心○○に取り組みます」など。

ケース 02

相手のことを前から知っていたと伝えるとき

初対面はお互いにやりづらいもの。その緊張を和らげるテクニックとして、前から相手の評判を聞いていたことを告げるという方法があります。硬い雰囲気がほぐれますし、会話の糸口にもなり得ます。

LEVEL 1　同じぐらいの立場・年齢の人に

お名前は前からお聞きしておりました。

会うのは初めてですが、前から知っていました、と伝えます。知ったキッカケ（共通の知人、著書・ＳＮＳでの発信を読んだことがある、など）を伝えると、会話の糸口になります。

LEVEL 2　少し目上・年上の人に

ご活躍は以前より存じ上げておりました。

「お噂（うわさ）はかねがね」という定番の言い方もあるのですが、せっかくなら、良い噂であることが分かるように。「存じる」よりも、知っている対象への敬意をこめた「存じ上げる」の方が適しています。

LEVEL 3　かなり目上・年上の人に

ご高名（こうみょう）はかねがね承っております。

あらたまった言い方。優れた、評判の高いという意味の「高」を付けた「ご高名」を使います。メールや手紙では「ご声望（せいぼう）」「ご令聞（れいぶん）」「ご令名（れいめい）」などと書いても良いでしょう。

はっきり言えないことを相手に察して欲しいとき

言わずもがなの内部事情は何となく察してもらいたいもの。引いてもらえない場合には、「よんどころない事情で」「のっぴきならない事態でして」と深刻さを感じさせる言葉で、それ以上聞けないような雰囲気を作りましょう。

LEVEL 1 同僚や付き合いの長い仕事相手に

ご理解いただけると<mark>幸いです</mark>。

「分かってくれ」と命令形では言わずに、「〜ないでしょうか」「〜していただけると幸いです」と、控えめに。熟語を使わず、「お察しいただければ」「お分かりくだされば」と言うのもOK。

LEVEL 2 取引先に(口頭で)

<mark>お汲み取りいただきますよう</mark>お願いいたします。

「汲む(酌む)」は液体をすくい取るイメージから転じて、相手の気持ちや事情などをよく推し量り、理解すること。漢語で言うと「ご斟酌(しんしゃく)いただきますよう」。

LEVEL 3 取引先に(書面で)

<mark>ご賢察(けんさつ)の程</mark>、お願い申し上げます。

賢明さによって見事に察するという「賢察」で、相手を立てながら、理解を求める言い方です。「高察」も同じです。口で言うなら、「A様ならお分かりいただけるかと存じますが」が近いニュアンス。

ケース 04

問題ないことを伝えるとき

相手の提示してきた条件、出してきた資料などに特に問題ないことを伝える言い方です。「OKです」ではちょっとカジュアル過ぎるというとき、どのように言えば良いか覚えておきましょう。

LEVEL 1 同僚や付き合いの長い仕事相手に

大丈夫です。

どのような状況にも使える、使い勝手の良い言葉です。ただし、「悪くはない」くらいの意味なので、良いものが出てきたときには「ばっちりです」「素敵です」など、踏み込んだ表現をしても良いでしょう。

LEVEL 2 上司や取引先に

全く差し支えございません。

「大丈夫です」は、少しカジュアルに聞こえる言葉です。「問題ありません」「差し支えありません」などの言葉に格上げしましょう。「全く」「一切」などで強めることができます。

LEVEL 3 顧客対応

そちらで結構でございます。

「結構」はすぐれているさま。断るときにも、「結構です」という言い方をしますので、肯定的な意味であることがよく分かるよう、表情や声のトーンには気を付けてください。

ケース 05

相手の言ったことに同意するあいづち

話を盛り上げるあいづちとして「さしすせそ」が知られています（【さ】さすが【し】知らなかった【す】すごい【セ】センス良い【そ】そうなんだ）。ただ、こうした反応を繰り返しすぎると、白々しい印象になります。

LEVEL 1 同僚や付き合いの長い仕事相手に

まさにその通りです。

ここぞというときに。他に、思わず漏れた、感嘆の言葉の「なるほど」。「なるほどですね」の連発は、逆に「聞いていないのでは？」「軽薄だ」と思われますので、注意してください。

LEVEL 2 上司や取引先に

おっしゃる通りです。

他に「ごもっともです」というあいづちもあります。「誠に」「実に」「確かに」などを添えて、心の底から納得していることを伝えると良いでしょう。

LEVEL 3 サービス業の顧客対応

さようでございます。

顧客対応では、古風で奥ゆかしい「さようですか」「さようでございますか」も言えるようにしておきましょう。女性は頷くときも、「ええ」をベースにすると、上品な印象です。

ケース 06

用件を聞き入れたとき

数年前、目上の人に「了解」は失礼、という噂が広がりました。「承知」などの謙譲語と比べ、敬意に欠けると言われたのです。国語学的にはそういうことはなく、「了解いたしました」のように後ろが丁寧ならOKです。

LEVEL 1 同僚や付き合いの長い仕事相手に

了解です。

オーソドックスな受け方です。「了解」と名詞だけにすれば、気軽な感じ、「了解いたしました」と謙譲語「いたす」まで付ければ、丁重な感じを表すことができます。

LEVEL 2 上司や取引先、顧客に(口頭で)

かしこまりました。

「かしこまる」は「畏まる」と書き、畏れ入って謹んだ態度になること。謙譲語の「承りました」同様、自分の方を下げ、控えめな姿勢を表せる言葉です。

LEVEL 3 上司や取引先、顧客に(メール・書面で)

承知いたしました。

書き言葉では、熟語の方が似合います。同様の表現に「了承いたしました」。謙譲の意味の「承る」の字も含まれ、相手への敬意をはっきり伝える表現です。

依頼を快諾するとき

頼まれごとを引き受けるときは、気持ちよく引き受けましょう。客に呼ばれたとき「喜んで!」と答える飲食店もありますが、そのイメージでさわやかにいくと良いでしょう。

 LEVEL 1 同僚や付き合いの長い仕事相手に

もちろん!

あなたの頼みなら、引き受けないわけがない、という強い気持ちを表現します。「当たり前ですよ」「当然です」でも。こう応えてくれると、ありがたく、頼もしいですね。

 LEVEL 2 上司や取引先に

是非ともやらせていただきます。

「他でもない、自分こそがやります!」と積極的に立候補する感じです。「頼んでくださったことが嬉しいです」「選んでいただけて光栄です」と一言添えて、やる気をアピール。

 LEVEL 3 顧客対応

喜んでお引き受けいたします。

ちょっとしたリクエストに快く応じてくれたとき、顧客の満足度は大きく上がります。もちろん、あまりに無茶な要望はお断りしなくてはなりませんが……。

ケース 08

相手の話を良いと思ったとき

「良いじゃん!」「やるじゃん!」などと言うと、上から評価している感じです。褒めているつもりでかえって失礼になっていることもあります。「さっそく○○を採り入れてみます」など具体的な感想を伝えるのが無難です。

LEVEL 1 部下や後輩に

感心したよ。

類似表現に「目を見張った」。どちらも、上から目線に受け取られ得る言葉なので、目上には使わないようにしてください。感心し、負けを認め、尊敬する気持ちを言う「脱帽した」もあります。

LEVEL 2 上司や先輩に

感銘を受けました。

感銘の「銘」は、金属に彫り込むこと。ずっと忘れられない、忘れたくないほどの深い感動を表します。「感動しました!」よりも、重みのある表現なので、目上の人相手にはこちらを使うのがオススメ。

LEVEL 3 かなり年上の相手に

感服いたしました。

深く胸を打たれ、心の底から相手に従うことを言うのが「感服」です。同じように、感動し、相手に深く尊敬の念を抱いているさまを言うのが「敬服」「心服」です。

ケース 09

尋ねられたが、自分も分からないとき

分からない場合、「いや、ちょっと……」「え〜と」とお茶を濁す人も多いのでは。どう答えたら良いか、覚えておきましょう。できれば、「○○に尋ねたら、お分かりになるかもしれません」などの案内を添えて。

  上品度〔普通〕

あいにく分かりません。

質問した人は心細い思いで質問しているかもしれません。それなのに、「分かりません」と突き放されたら、ショックですよね。せめて「あいにく」「すみませんが」など、一言ことわるようにしましょう。

 上品度〔まずまず高い〕

分かり**かねます**。

「〜しようとしてもできない」という意味の「〜かねる」を使いましょう。「分かりません」「知りません」の突っぱねる感じが軽減されます。

 上品度〔高い〕

不案内なもので。

「不案内」と同様の奥ゆかしい言い方に「明るくなくて」があります。「明るい」は「賢明」「明らか」からも類推されるように、事情がよく分かっていること。その反対が「明るくない」です。

自分や家族、自社の自慢めいた話をするとき

自慢話はしないに限りますが、自社の商品・サービスを説明する際、自分の体験談を教訓として話す際などに、少々自慢話めいてしまうこともあるでしょう。無自覚な自慢が最もうっとうしいので、自覚していることを伝えて。

意向・気持ちを伝えるときの使い分け

LEVEL1 身近な人に

自分で言うのもどうかと思うけれど。

こう言ったり、「自慢みたいで言い難いのだけど」と言ったりすることで、自慢話に聞こえるかもしれないことを自覚し、気が引けている感じを表現します。

LEVEL2 少し距離のある相手に

自慢話のようですみませんが

先にこう言うことで、自慢自体が目的ではないことをことわっておきます。「自分の話で恐縮ですが」「手柄をひけらかすようでお恥ずかしいのですが」とも言えます。

LEVEL3 かなり目上の立場の人に

手前味噌にはなりますが

趣向を凝らした自家製の味噌を自慢したことからできた言い方。同分野の先輩であれば、「A様にお話しするのはむしろ恥ずかしい気もしますが」と、相手を立てつつの謙遜も可能です。

案内・手配してくれたものに満足したとき

何かを紹介したとき、それが相手に気に入ってもらえるか、不安な思いを抱えている人もいます。力強く、その不安を打ち消しましょう。気に入ったこと、紹介してくれたことへの感謝を率直に伝えるのです。

 LEVEL 1 同僚や身近な知人に

良かったです。大満足です。

ストレートに。「最高でした」「感激しました」「初めて○○しました」「今まで食べた中で一番おいしい○○でした」など、バリエーションをいくつも持っておきましょう。

 LEVEL 2 上司や取引先に

満喫いたしました。

「満喫した」は、食べ物にも体験にも使える、便利な表現です。「貴重な経験」「結構な品」「素晴らしい機会」などと、どのように良い思いができたか、感想を伝えましょう。

 LEVEL 3 かなり目上・年上の知人に

存分に堪能させていただきました。

相手の許しをもらってする行為に対して使う「〜させていただきました」を使い、相手あってこその体験への感謝を示します。「存分に」「十二分に」「たっぷりと」「心ゆくまで」などで満足感を。

こちらに任せて欲しいと伝えるとき

託してくれて構わない、責任を持ってやり遂げる、と自信を持って伝えるフレーズです。残りのこまごまとした作業などを自分たちの側で引き受ける場合にも使えますし、顧客に営業をする際のクロージングにも使えます。

LEVEL1　口頭での一般的な言い方

どうぞお任せください。

「こちらに」「私どもに」と付けても良いでしょう。それまでの話し合いによって既に信頼関係を築けている状態でこそ効果的なフレーズです。

LEVEL2　口頭での丁重な言い方

しばらくこちらにお預けいただけませんか。

「預ける」は、「銀行にお金を預ける」「子どもを預ける」という用法からも分かるように、人や物事の管理を誰かに任せる場合に使う動詞です。相手を信頼し、大切なものを託すイメージです。

LEVEL3　メール・書面での案内

ご一任くださいますようお願い致します。

「一任」は、相手を信じて一切を任せること。余談ながら、一切を押し付けて他人に頼り切りである、という悪い意味では、「丸投げ」「おんぶにだっこ」という言葉を使います。

重要な局面に差し掛かるとき

チームメンバーに気を引き締めるよう声をかけるパターンや、自分自身が頑張ることを宣言するパターン、他の人を激励するパターンを集めました。聞いた側が、ピリッと緊張して背筋の伸びるような、力のある言葉です。

 気心知れたチームメンバーに呼びかける

ここからが大事だね。

「ここからが大事」「今からが勝負」などと声をかけることで、危機感や緊張感、気合いを共有します。チームに発破をかけ、やる気を鼓舞しましょう。

 自分の努力すべき場面だと宣言する

踏ん張りどころです。

辛くとも踏ん張るべき、重要な場面であるという自覚を語ります。他に「勝負どころ」「頑張りどころ」。ピンチだが頑張りたい、と宣言する際には「後がない状態」「崖っぷち」「瀬戸際」を使います。

 上司・取引先、年上の知人を激励する

いよいよ正念場ですね。

もとは「性根場」。文楽（人形浄瑠璃）で、役の性根を感じさせる、演者にとって大事な場だったことから生まれた言葉でした。そこから転じて、その人の真価が問われる重要な局面を言います。

ケース 14

言い過ぎかもしれないが、とことわるとき

きっぱりと意見を言い切るときや、分かりやすくなるよう例え話をするときなど、厳密に言えば、言い過ぎや不正確な言い方をするケースがあります。あらかじめ、それを説明しておくクッション言葉です。

意向・気持ちを伝えるときの使い分け

LEVEL 1 同僚や付き合いの長い仕事相手、知人に

ちょっと言い過ぎかもしれませんが

事実よりも大袈裟に聞こえてしまいそうなとき、その点の前置きをしておくことで、話の細部よりも、中心となるメッセージ自体に注目してもらうようにします。

LEVEL 2 上司や取引先、顧客に（口頭で）

誤解を招くかもしれませんが

同じように使えるクッション言葉としては、「誤解の生じる恐れがありますが」「誤った印象を与えかねませんが」「必ずしも適切ではありませんが」。

LEVEL 3 上司や取引先、顧客に（メール・書面で）

こう言っては語弊があるかもしれませんが

「語弊」の「弊」は、「弊害」「旧弊」「病弊」などの熟語に使われる漢字で、害、悪いことを意味します。他に、強めに言い切る際の前置きとしては「極言すれば」。

ケース15
名刺の持ち合わせが ないことを伝えるとき

初対面の人と会う場合、名刺を用意しておくのがマナーですが、配り切っていたり人事異動が行われてすぐだったりで、手もとに名刺がないことがあります。そうした際は一言ことわってから、相手の名刺を受け取りましょう。

LEVEL 1 気を遣う度合い[普通]

すみませんが、名刺が今ありませんので。

「いやぁ〜ちょっと今、ないみたいで」では失礼に当たります。なお、うっかり名刺を忘れてしまった場合も、「忘れてしまって」では相手を軽んじている印象になるので、ご注意を。

LEVEL 2 気を遣う度合い[高い]

あいにく名刺を切らしております。

この場で渡さなくてはならないのに、名刺を切らしてしまっている申し訳なさを「あいにく」「申し訳ないことに」「折悪しく」などの言葉を付けて表しましょう。

LEVEL 3 気を遣う度合い[とても高い]

恐れ入ります。名刺を切らしておりまして、後日お送り致します。

気を遣う相手、年配の相手の場合には、後日、名刺が確保でき次第、郵送するようにします。名刺に手紙(一言お詫びを述べた上で、今後の付き合いを願う挨拶を書く)を添えて送るようにしましょう。

ケース 16

二つのものが全然違うと述べるとき

二つのサンプルを見せられて感想を述べるとき、旧製品と新製品の性能の違いをプレゼンテーションするときなどに使うことのできる言い方です。あまりの違いに驚く気持ちをこめた言い回し。

 あらたまった度合い〔中〕

全然違います。

「全然」を「全く」「全くもって」「明らかに」「はっきりと」などに置き換えれば、バリエーションが豊かになります。「圧倒的な差」「とてつもない違い」などの表現もあります。

 あらたまった度合い〔高い〕

似ても似つかないです。

比較しようもないほどの違いを表しています。他に「桁違い」「段違い」など。「月とすっぽん」「提灯に釣り鐘」のような昔ながらのことわざを使うのも良いでしょう。

 あらたまった度合い〔とても高い〕

雲泥の差です。

雲は天、泥は地を表すので、「天と地ほどの差がある」と同じ意味です。片方がひときわ優れていることを強調したい場合は、「抜群だ」「並外れた」「殊の外素晴らしい」「格段の出来だ」など。

一言つけ加えるだけで印象アップ

よく使うフレーズに一言つけ加えて、意味をプラスしましょう。

「おいしいですね」

店選びのセンスに対する**感心**を＋α

←

「おいしいですね。こうしたお店はどうやって探されるんですか？」

「素敵な眼鏡ですね」

本人も魅力的だという気持ちを＋α

←

「素敵な眼鏡ですね。Aさんの知的な雰囲気によくお似合いです」

「おもしろかったです」

社交辞令でなく**本心**というアピールを＋α

←

「おもしろかったです。特に○○の部分が気に入りました」

「お世話になりました」

今後も**ご縁**を続けたい思いを＋α

←

「お世話になりました。またご一緒できる日を楽しみにしております」

part

4

質問するときの使い分け

人に何かを尋ねるのは難しいですよね。「今のは聞き方がマズイよ」とたしなめられたことがあるのでは？しかし「聞かぬは一生の恥」とも言います。使い分けを覚えて、質問することに尻込みしないような語彙力を目指しましょう。

受付などで氏名を尋ねるとき

パーティーや催し物の受付などで使える表現です。なお、よく耳にする「お名前を頂戴できますか？」は本来誤りです。名前をもらうわけではないですからね。「お名刺を頂戴できますか？」と混ざったのかもしれません。

気を遣う度合い〔普通〕

お名前を教えてください。

ストレートに尋ねる言い方です。なお、電話では、先方が名乗らない場合「お名前は？」とは訊かず、「どちら様でしょうか？」と尋ねるのが一般的です。

気を遣う度合い〔強い〕

お名前を教えていただけますか。

丁重に尋ねる聞き方として、「教えてくださいますか」「お教え願えますか」「ご教示くださいますか」を使っても構いません。

気を遣う度合い〔とても強い〕

恐れ入りますが、お名前をお聞きしてもよろしいですか。

恐縮するクッション言葉を付け、遠慮がちに尋ねます。「この人どこかでご一緒したことがあるような……」とは思うものの、肝心の名前が分からない。そんなケースに使うと良いでしょう。

氏名の読み方を尋ねるとき

「四月一日」で「わたぬき」など、珍しい読み方の名字があります。下の名前は、近年、実に個性豊かですね。切り出しにくいときは「念のためお尋ねします」「間違いがないよう皆さんに確認中です」という体裁を取りましょう。

気を遣う度合い〔普通〕

こちら、どう読んだら良いのでしょうか。

名字にせよ下の名にせよ、名前はその人にとって大切なものです。「えーと、これは何て読むのかな？」みたいな、くだけた言い方はしない方が良いでしょう。

気を遣う度合い〔強い〕

恐れ入りますが、読み方をご教示ください。

「恐れ入りますが」「恐縮ですが」「すみませんが」など、クッション言葉を添えると尋ねやすくなります。

気を遣う度合い〔とても強い〕

不勉強で恐れ入りますが、何とお読みすればよろしいですか。

難読氏名の人は、正しく読んでもらえない経験が何度もあるはずです。それを得意がって語る人もいれば、面倒で不快に思う人も。自分の勉強不足で読み方を知らない、と謙遜するのが安全です。

予定を尋ねるとき

打ち合わせや食事の日程などを調整するときの言い方です。友達同士ならともかく、気を遣う間柄では「〇日は暇?」という言い方は避けましょう。相手が暇な人だと決めてかかっているように受け取られかねません。

LEVEL 1 同僚や付き合いの長い仕事相手、知人に

〇日はどうですか?

「いつ空いていますか?」と漠然と聞くよりは、候補の日程を挙げ、その中で選んでもらう方が話が早いでしょう。

LEVEL 2 上司や取引先に

〇日のご都合はいかがでしょうか?

「どう」を「いかが」に置き換えると、少しあらたまった印象になります。「〇日は空いていらっしゃいますか?」「〇日はご都合つきますでしょうか?」と尋ねても良いですね。

LEVEL 3 年上の相手、立場が上の取引先に

ご多用の折かと存じますが、
〇日はご予定いかがでしょうか?

相手の多忙を少し上品に表したのが「ご多用」。「ご多用の折かと存じますが」「ご多用中恐れ入りますが」などと使います。もう少しカジュアルに言えば、「お忙しいかとは思いますが」。

64

ケース 04

今、話して良いか尋ねるとき

相手は取り込み中の可能性も。「忙しいんだよ!」とはっきり言ってくれる人なら良いのですが、言い出せずにストレスをためている人もいるかもしれません。こちらの都合で声をかけたり電話をしたりしたときは一言確認を。

 LEVEL 1 同僚や付き合いの長い仕事相手、知人に

今、大丈夫でしょうか?

「今お時間ありますか?」「今お話ししても問題(差し支え)ないでしょうか?」などの聞き方も。一言で終わる簡単な用件であれば、こう問う代わりに、さっと報告を済ませても良いでしょう。

 LEVEL 2 先輩や上司、取引先に

恐れ入りますが、
○分ほどお時間いただけませんか?

時間の目安が分かれば、相手も判断しやすくなります。なお、話しかける前に、「後で」と断られたときの対処法(資料だけ渡しておくのか、メールで知らせるのか、待つのか)を決めておきましょう。

 LEVEL 3 電話で

ただ今お手すきでしょうか?

電話の際には、まず自分が名乗り、相手が合っているか確認した後、このように都合を確認します。電話に出るには出たとしても、長くは話せないことも。「少々話しても構わないでしょうか」でもOK。

質問するときの使い分け

自分の説明が終わって不明点がないか聞くとき

こちらが一方的に話すプレゼンでは、話し終わった後、疑問点がないか聞き手に確認を。多いのは、「質問ありますか?」と尋ねたときは静かなのに、後から問い合わせが来るパターン。そうならないよう、質問を引き出して。

 同僚や付き合いの長い仕事相手、知人に

分からなかったところ、ありますか?

「質問ありますか?」と並ぶ、気軽な聞き方です。理解度を試すだけなら、「お分かりいただけましたでしょうか」「今の説明で伝わりましたでしょうか」と尋ねて、聴衆の反応を見ると良いでしょう。

 上司や取引先に

ご不明な点はありませんか?

「分からない」という語は、相手の理解力不足を責めているように聞こえてしまうことがあります。「ご不明な点」「不明瞭な箇所」「はっきりしない部分」などと曖昧にする表現を選ぶ方がベター。

 顧客対応で

分かりにくい点はございませんでしたか?

こちら側の説明が至らないせいで、分かりにくく感じられた点はありませんでしたか、と尋ねているわけです。「遠慮なくお尋ねください」「何かあれば、係の者にお申し付けください」などを添えて。

ご馳走し、その感想を尋ねるとき

一番やってはいけないのは、「どうでしたか?」と質問しつつ、得意気な顔をしている状態です。「良かったでしょう?」と言わんばかりの顔ですね。あくまでニュートラルに、あるいは控えめに謙遜しながら尋ねます。

 同僚や付き合いの長い仕事相手、知人に

どうでした？

食べている途中の反応で、おおよそ見当はつくものですが、念のために最後に尋ねておきます。そうすることで、相手にしても、お礼を言うちょうど良い機会になります。

 上司や取引先に

いかがでしたか、気に入っていただけましたか？

「どう」を「いかが」に格上げ。「気に入っていただけましたか？」は「お気に召しましたか？」でも構いません。おいしかったと答えてもらえたら、「気に入っていただけて何よりです」などと返して。

 特に気を遣う相手に

お口に合いましたでしょうか。

グルメな人や食の好みが違う人の場合、満足してもらえたか不安なものです。それを尋ねる聞き方です。他に「お好みのお味だったでしょうか」「お口に合っていれば、嬉しいのですが」など。

意見を求めるとき

「どうでしょうか？」と聞いても、シーンとなってしまうことがあります。漠然と場に問いかけるよりも、特定の人を指名したり、聞き方を工夫したりする方が盛り上がるものです。聞き方のバリエーションを増やしましょう。

 同僚や付き合いの長い仕事相手、知人に

何か気付いた点はありますか。

漠然と感想を求めても出てこない場合があります。「気付いた点」「気になった点」「引っかかった点」「分からない点」など言葉を変えながら、聞き手の気付きを引き出すように心がけます。

 上司や取引先に

遠慮なく
ご意見をおっしゃってください。

批判も受け止める覚悟であることを示します。会議や打ち合わせの席で、本音を引き出したいときには「ざっくばらんに話し合いましょう」「腹を割って話しましょう」と呼びかけると良いでしょう。

 文書での通達

忌憚(きたん)なきご意見をお寄せください。

「忌憚」は、遠慮や気兼ねのこと。そうした気遣いは無用で、正直な意見をお願いしたい、というときに使うフレーズです。「率直なご意見を」と書いても良いでしょう。

ケース 08

期限に間に合わないので、延ばせるか尋ねるとき

待たせて迷惑をかけている状況です。「誠に勝手なお願いとなりますが」「ご迷惑をおかけしており、恐縮ですが」「心苦しいのですが」など、クッション言葉を付けた上で尋ねましょう。

LEVEL 1　同僚や付き合いの長い仕事相手、知人に

何とか、少し期限を延ばしてもらえませんか。

「何とか」あるいは「どうか」「どうにか」「何卒」などと添え、切実な思いをこめてお願いしましょう。「延ばしてください」といきなり頼まず、疑問形で相手の意向を尋ねましょう。

LEVEL 2　上司や取引先に

申し訳ありませんが、もう少しお待ちいただけないでしょうか。

遅れていることの謝罪は忘れずに。具体的な日数などを出してお願いする場合には、見込みよりも少し長めの時間をもらいましょう。3日もらって、2日以内に出すイメージです。

LEVEL 3　特に無茶をお願いする場合

ご無理を申し上げて恐縮ですが、いくらか猶予をいただけないでしょうか。

先に、自分の側が無茶な要求をしていることを重々承知していることを伝えましょう。その上で、相手の寛容さを求めます。「お時間をいただけないでしょうか」とも。

質問するときの使い分け

近況を尋ねるとき

「もうかりまっか」「ぼちぼちでんな」——これは、大阪の商人が交わす定番の挨拶ですが、標準語ではどのように言えば良いのでしょうか。「どーよ？」よりも、あらたまった聞き方を集めました。

 同僚や付き合いの長い仕事相手、友人に

最近はどんな感じですか？

いきなり「あの件はどうなった？」などと踏み込むと、答えにくい、話したくないこともあるかもしれません。まず漠然と聞いてみて、様子を見ながら具体的な話題に持っていくと良いでしょう。

 取引先、知人に

近頃はいかがお過ごしでしょうか？

「どんな感じ」「どう」を「いかが」とすると、少しあらたまった印象に変わります。「いかが」や「いかなる」「いかに」は古風で硬い印象があり、「どんな問題が」も「いかなる問題が」とすると硬質に。

 気を遣う年上の知人に

お変わりなくお過ごしでしょうか。

変わらず元気にやっていて欲しいという願いをこめての問いかけ。「つつがなく」とも。手紙などの一方的メッセージの場合、質問でなく「お変わりなくお過ごしのことと存じます」とするのがベター。

ケース 10

込み入った事情を聞く前置き

相手のプライベートな事情、他部署や他社の内部事情などに、土足で踏み込むような真似をしてはなりません。失礼なことを尋ねていることを十分に自覚した物言いをしましょう。

LEVEL 1 同僚や付き合いの長い仕事相手、友人に

こんなことを聞くのもどうかと思うけれど

自分でも聞いて良いかためらっている感じを表しています。少し男性的な語ですが、「野暮な質問かもしれないけれど」と言っても良いでしょう。

LEVEL 2 やや距離のある知人、取引先に

失礼なことをお聞きし、恐れ入りますが

ずけずけと質問するのは「失礼」な行為である、と承知していることを先にことわりましょう。「恐縮ですが」「恐れ入りますが」「すみませんが」と遠慮している気持ちを表します。

LEVEL 3 年上の相手、立場が上の取引先に

立ち入ったことをお尋ねするようで、甚だ不躾ではございますが

「立ち入った」は、内部事情に突っ込んだ、デリケートな話題に踏み込んだ、という意味の言葉です。「不躾」はしつけのなっていない感じ。「甚だ」も含め、あえてあらたまった言葉を選んでいます。

質問するときの使い分け

ケース 11

困っている人に手伝えることは
ないか尋ねるとき

目の前で困っている人がいたら、放っておけません。ただし、良かれと思ってやったことが、先方にとって、ありがた迷惑に過ぎないこともあります。まずは相手のニーズを確認するところから始めるようにします。

LEVEL 1　同僚・友人、駅など公共の場で見かけた人に

何かお手伝いできることはありますか?

作業を多く抱えていそうな人や、駅などでまごついている人がいたら、こちらから声をかけてサポートしたいところ。「何かお困りでしょうか?」とも。

LEVEL 2　先輩・上司、目上の知人に

私でできることがあれば、
お手伝いいたします。

上役は彼らならではの苦労や作業を抱えているものです。その点を踏まえ、自分など役に立たないかもしれないが、と謙遜の意を添えて、手伝いたい気持ちを伝えます。

LEVEL 3　店舗で客に対して

ご用件は承っておりますでしょうか?

飲食店であれば、「ご用件」の代わりに「ご注文」。まだ検討したい様子であれば、「お決まりの頃にお知らせください(うかがいます)」と声をかけて、遠くから見守りましょう。

話の要点を尋ねるとき

整理されていない話し方をされたり、本題からそれた雑談が挟まったりすると、話の結論が分かりにくくなるものです。聞いていて、いまいちピンと来なかったときに、話の要点を確認する質問の仕方を紹介します。

 同僚・友人に

結局、どういうことなの?

ちょっとまとめてよ、と呼びかける言い方です。ざっくばらんに話し合える関係性なら、「単刀直入に言うと?」「ズバリ言えば?」「要するに?」と切り込んでも良いでしょう。

 先輩・上司、目上の知人に

つまり○○という理解で よろしいでしょうか。

意欲を持って聞いていたということをアピールするためにも、一度、自身の理解する内容をぶつけてみましょう。こうした叩き台があってこそ、向こうも主張のポイントを説明しやすくなるはずです。

 顧客に

とおっしゃいますと?

端的に意見をまとめることを促すあいづちです。「結局どういうことなんですか?」「短くまとめてください」と言うと、相手の話がまとまっていないと批判しているようにも聞こえるので、気を付けて。

料理の希望を尋ねるとき

飲み会の幹事を任されたときなど、どのようなお店・食べ物を選ぶのかは難しいものですね。やはり、参加者に希望・要望を聞いておくのが安心です。好みだけでなく、苦手な食材、アレルギーの有無を聞くのも忘れずに。

LEVEL 1 同僚・友人に

何か食べたいものはありますか。

気軽な間柄であれば、率直に質問するに限ります。食べたいもの、料理の系統などを具体的にリクエストしてもらいましょう。他に、「お気に入りのお店（料理）はありますか」など。

LEVEL 2 先輩・上司、目上の知人に

店の選定中ですが、何かご希望はございますか。

質問の趣旨を伝えた上で、希望を質問しています。具体的に候補があれば、「イタリアンバルと居酒屋であれば、どちらが良いでしょうか」と、おうかがいを立てることもできます。

LEVEL 3 店のスタッフが客に

どのようなものがお好みでしょうか？

客の嗜好を聞きたいときは、「お好きですか」「お好みでしょうか」と尋ねます。合わせて、「苦手な食材はございますか」「当方にお任せいただくこともできますが、いかがなさいますか」など。

〆切を問い合わせるとき

書類の提出〆切や、数値報告の期限などを確認する言い方です。場合によっては、できているのが望ましい〆切、絶対に守らなくてはならないデッドラインの二つをそれぞれ聞いておきましょう。

 同僚やいつもの取引先、知人に

〆切はいつですか？

より具体的に確認する際には「何日の何時まで」と尋ねましょう。「〇日〆切」とだけ言った場合、その日の23：59や退勤時とは限りません。先方は〇日の朝一番に確認したいと考えている可能性も。

 先輩・上司、取引先、目上の知人に

提出期限をご教示ください。

「教示」は情報を教え示すこと。「ご教授ください」と言う人がいますが、大げさです。以前聞いた〆切から変更がないか確認したい際は「念のためうかがいますが、〇日まででよろしいでしょうか？」。

 顧客に

いつまでに
ご用意すればよろしいでしょうか。

「ご用意すれば」は他に「お渡しすれば」「ご提出すれば」「お手もとにあれば」。「よろしいでしょうか」は、「間に合いますでしょうか」「足りるでしょうか」「差し支えありませんか」と言い換え可能。

品格アップの基礎単語

ちょっと言い換えるだけで印象がアップする言葉を紹介します。

わたしたち➡わたくしども

「わたし」の正式な形「わたくし」、謙譲の意を持つ「ども」を用いて上品に。

お名前➡ご芳名

良い評判である、誉れ高いという「芳」の字で、相手の名前を敬って言う表現。

○人➡○名様

相手方の人数を言うときに。単なる事実報告なら「○人」で構いません。

ちょっと➡少々

小さい「っ」はカジュアルな印象。「あさって」➡「みょうごにち」も覚えて。

さっき➡先ほど

「先ほど」や「今しがた」が上品。「この前」も「先日」と言う方がスマート。

あとで➡のちほど

「のちほど」の方があらたまった言い方。期間を定めないときに便利です。

Part

5

詫びる・断るときの
使い分け

「詫びる・断る」は人生で最も語彙力が欲しくなる場面ではないでしょうか。しっかりと詫びることは信頼を取り戻す第一歩です。また、お仕事を断るときも、正しく断ることがその後の仕事に大きなプラスとなります。正しい言葉遣いでピンチを切り抜けましょう！

ケース 01

できないと伝える

「できません!」が、拒否・拒絶に聞こえないように言いたいものです。せっかく自分を見込んで頼んでくれたのです。能力や時間などの都合上できないが、期待に応えたい思いはある、という気持ちをにじませましょう。

LEVEL 1 同僚や付き合いの長い仕事相手に

無理です。できません。

できないことはできないと、率直に伝える言い方です。拒絶するような、冷たい印象にならないよう、声色や表情には気を付けて言う必要があります。

LEVEL 2 上司や取引先に

難しいかと存じます。

「できない」と明言するのを避け、少し柔らかい印象を作ります。メールや文書など、顔の見えないやり取りでも、こうした婉曲(えんきょく)的な言い方を取り入れると良いでしょう。

LEVEL 3 顧客対応で

致しかねます。

「〜かねる」は「〜しようとしてもできない」という意味です。要望に応えようと努力はしたのだが、やはり難しい、というニュアンスです。誠意を求められる顧客対応などにぴったりです。

相手を怒らせてしまったとき

自分の不手際・不注意で、相手を怒らせてしまうことがあります。相手の不快な気持ちを受け止めた上で、真摯に謝罪しましょう。自分に非がある場合は、お詫びの後に、自身の過失・責任を具体的に謝罪するようにします。

 身近な人や同僚に

怒らせてしまったようで、すみません。

自分の言動が相手の怒りの原因であると率直に認め、詫びます。「すみません」より「申し訳ありません（ございません）」「謝罪いたします」「お詫び申し上げます」の方があらたまった印象です。

 取引先や顧客に

不愉快な思いをさせてしまい、申し訳ございません。

「怒る」「不機嫌」などの語を用いると、相手の心が狭いと責める印象にもなりかねません。「不愉快な思い」「不快な思い」と、やや漠然とした表現を選んだ方が無難です。

 特に目上の人に

ご気分を害してしまい、心よりお詫び申し上げます。

「ご」を付け、相手の気分に敬意を表します。自分の加害性をはっきりと認めることで、心から反省している姿勢を示します。

手間をかけることを詫びる

面倒くさい作業、厄介な仕事を頼むときには、依頼内容の前にクッション言葉を付けることで、申し訳ないと思っていることを伝えましょう。厚かましい印象にならないよう、控えめな言い方をします。

 遠慮している度合い［普通］

お手数ですが

あることをするのにかかる労力が「手数」。相手の苦労を思いやる言い方です。「お手数をおかけしますが」とも言いますね。他に「お手間ですが」「ご面倒ですが」などの言い方もあります。

 遠慮している度合い［強い］

ご面倒をおかけして心苦しいのですが

上の表現に、「心苦しい」「忍びない」など、自分の側の申し訳ない気持ちを添えます。「〜していただけないでしょうか」など、疑問文で遠慮がちにお願いする表現を続けると良いでしょう。

 遠慮している度合い［とても強い］

お手を煩わせて恐縮ですが

少し古風で奥ゆかしい表現を選ぶと、より遠慮がちで、礼儀正しい印象になります。「お骨折りですが」（骨を折る＝苦労を厭わず人のために行動する）という言い方もあります。

ケース 04

相手の許しを請う

「ごめんなさい」は「御免（お許し）」を求める言葉です。「ごめんなさい」では子どもっぽく聞こえますので、オトナの言い方を学びましょう。なお、許しを請うのは、しっかり謝罪した後。いきなり言ってはいけません。

LEVEL 1　口頭での表現

どうかお許しを。

「お許しください」「お許しいただければ幸いです」「お許しいただきたく」「お許しの程」など言い方は様々です。切実さを伝えるためにも「どうか」「何卒」「是非とも」などを添えます。

LEVEL 2　口頭でのあらたまった表現

何卒ご容赦ください。

「容赦」は、寛容に受け入れて赦す（許す）こと。なお、特に謝罪するわけではないが、事情を受け入れて欲しいという場合には「ご了承ください」「ご承知おきください」を使います。

LEVEL 3　文書で

ご寛恕賜りますよう、
伏してお願い申し上げます。

「ご容赦」「ご勘弁」よりもあらたまった印象なのが「ご寛恕」。相手の寛大さや思いやりの心を立てる言い方です。他に、文章語に「ご海容」（海のように広い心で受け入れる）もあります。

詫びる・断るときの使い分け

依頼を受けられないことを詫びる

こうしたときに必要なのは義理人情。受けられない理屈（＝義理）を説明しつつ、個人としては申し訳なく思っているという人情をにじませるのです。それが、お断りしつつも、その後も関係を続けていくための秘訣(ひけつ)です。

LEVEL 1 同僚や付き合いの長い仕事相手、友人に

今回はごめんなさい。

「今回"は"ごめんなさい」と「は」を使うのがポイントです。「今回は難しいけれど、この先、別の機会があればお声がけください」というメッセージを暗示するのです。

LEVEL 2 上司や取引先、気を遣う知人に

お力になれず、申し訳ございません。

本当は相手の力になりたいのだが、それが諸事情あって叶わない、という残念な気持ちを表す表現です。他に「お力添えができず」「お手伝いしたいのは山々ですが」など。

LEVEL 3 顧客対応で

誠に心苦しいのですが、
ご期待には添いかねます。

打ち消しの助動詞を避けつつも、きっぱりと断る意思を伝える表現に「期待に添いかねる」があります。クレームなどで、無茶な要望を出されたときなどに使える表現です。

ケース 06

忙しいことを理由に断る

忙しいと断る場合、「あなたよりも他のことの方が重要なのです」と優先順位を付けたように受け取られかねません。伝え方にはご注意を。決算月など、相手も間違いなく納得するような事情であれば、具体的に言ってしまうのも手。

LEVEL 1　同僚や付き合いの長い仕事相手、友人に

ちょっと近頃忙しくて

「どうしても手が離せないことがあって」「今の時期、繁忙期で」などとも言えます。忙しい（つまり、仕事が順調である）ことを自慢している感じに聞こえないよう、言い方には気を付けましょう。

LEVEL 2　上司や取引先、気を遣う知人に

少々立て込んでおりまして

用事が重なる様子。大和言葉を使うことで、上品な印象です。不思議にも、こういう話し方をされると、「具体的には何と何が忙しいわけ？」と突っ込むような質問はしにくいものです。

LEVEL 3　顧客対応などで

多忙につき

自分個人というより、会社全体・部署全体の話として答える際に使いやすい言葉です。顧客や取引先からの問い合わせに対し、「この時期は多忙につき、すぐのご返答は難しいかもしれません」など。

自分には難し過ぎるオファーを断る

どんな依頼でも、できるだけ引き受けたいところですが、無理に引き受けてしまっては双方に不利益が出てしまいます。検討の結果「これはこなせない」となったときに、やんわり断れるような言い回しを覚えておきましょう。

LEVEL 1 同僚や付き合いの長い仕事相手に

自分には難し過ぎます。

付き合いの長い相手であれば、ストレートに伝えるのがいいでしょう。難しいから断るのだとはっきり伝えれば、別の易しめの仕事の提案をしてもらえるかもしれません。

LEVEL 2 上司や取引先に

せっかくのお話ですが、私では力不足かと思います。

良かれと思って与えてくれたチャンスです。断るにしても、「せっかくのお話」「ありがたいお話」などと、感謝の意を示すのを忘れないようにしましょう。

LEVEL 3 特に目上の人に

光栄なお話ですが、若輩者の私には荷が重いように存じます。

自分の力不足を謙遜するときには「若輩者」「未熟者」「駆け出し」などの言い方があります。負担が大きく感じるときには「荷が重い」「荷が勝つ」「器ではない」などと言います。

ケース 08

申し訳ない気持ちを込める

言いにくい事実を伝える、頼みにくいことを頼むなど、こちらとしても心苦しい話をするときのクッション言葉です。相手の気持ちに配慮していることを、言葉と声色で伝えるようにしましょう。

LEVEL 1　同僚や付き合いの長い仕事相手に

悪いんだけど

こちらでも悪いと思っていることを伝えましょう。「申し訳ないのだけど」とも言えます。あまり連発すると、「この人、本心では『悪い』と思っていないんだろうな」と受け取られてしまいますよ。

LEVEL 2　上司や取引先、顧客に

あいにくですが

「あいにく」は「あや（あぁ）憎」からできた言葉です。自分としても、この事態を憎らしく思うのだが、というわけです。「都合が悪いことに」「残念ながら」という気持ちです。

LEVEL 3　特にあらたまった状況で

こちらとしても
誠に遺憾ではございますが

「遺憾」は「残念」のあらたまった言葉です。こうした失礼な話をするのは、自分としても本意でなく残念だ、という前置きなのです。書面での案内など、あらたまった場での言葉遣いです。

忘れていたことを詫びる

会う予定や期日など、約束を忘れるのは失礼なことです。準備をしてくれていた相手に迷惑がかかりますし、忘れられていた相手は、軽んじられたようでムッとするでしょう。自分の非をしっかりと詫びましょう。

 友人や同僚、付き合いの長い仕事相手に

うっかり忘れていました。

自分の軽率さ、不注意を素直に認める言い方です。「昨日までは覚えていたんだけど」「カレンダーには書いていたのに、手帳の方に書き忘れていて」と言い訳する人がいますが、見苦しいだけです。

 上司や取引先、気を遣う知人に

恥ずかしながら、忘れておりました。

「お恥ずかしい話ですが」など、自分のミスを恥じる言い方をすることで、反省する姿勢を表す表現です。本人が甚く反省している場合、相手もそれ以上責めるのは躊躇われるものです。

 特に目上の人に

迂闊にも失念しておりました。

「うっかり」を「迂闊」、「忘れる」を「失念する」と漢語に改めることで、大きなことを忘れていた場合や、相手がかなり目上の人の場合にも使える表現になります。

ケース 10

うっかりの失言を詫びる

言ってはいけないことをつい言ってしまう、失言。失言には本音が出るという考え方もあり、それまで培ってきた信用をなくす恐れもあります。ただちに取り消し、何倍もの誠意でお詫びしましょう。

LEVEL 1　友人や同僚、付き合いの長い仕事相手に

今のは言い過ぎでした。すみません。

気が付いたらすぐ「言い過ぎ」だと認めましょう。話の流れで出てしまったことは「言葉の綾(あや)」とも言います。「すいません」という発音はくだけて聞こえるので、「すみません」と言いましょう。

LEVEL 2　上司や取引先、気を遣う知人に

大変失礼なことを申しました。申し訳ございません。

「失礼」「無礼」「不躾(ぶしつけ)」「無作法」などの語で、自分の発言がどれほど間違っているか、きちんと本人としても分かっていることを強調しましょう。

LEVEL 3　手紙など、あらたまった形で謝るとき

心ならずも失言を致しました。謹んでお詫び申し上げます。

「心ならずも」というのは、自分の本心ではなく、不本意にも、という意味です。口が滑っただけで、本心ではないことを強調しましょう。「謹んで」「衷心より」など、誠意ある言葉を添えて。

詫びる・断るときの使い分け

ケース 11

反省していることを伝える

反省は態度、その後の行動で示すことが重要ですが、はっきりと言葉にもしなくてはなりません。ストレートに伝えましょう。くれぐれも「反省してまーす」のように、軽く聞こえる話し方をしないように……。

LEVEL 1 身近な人、同僚や付き合いの長い仕事相手に

深く反省しています。

「反省」とは「自分の普段の行動、あり方を振り返り、それで良いか考えること」です。注意されたから嫌々謝っている、という印象がないように、自分のこととして引き受けていることを示します。

LEVEL 2 上司や取引先に

猛省しております。

深く反省する気持ちをいいます。特に、メールなどの文章でのお詫びで使います。「猛省を促す」というように、他人に反省するよう指導する際にも使う言葉です。

LEVEL 3 手紙など、あらたまった形で謝るとき

慙愧の念に堪えません。

「慚愧」とも書きます。元は仏教用語で、有徳の人物とは全然違う、愚かな自分を恥じる気持ちです。恥じ入る気持ちをいう硬い表現には、他に「汗顔の至り」「赤面の至り」があります。

同じミスはもうしないと宣言する

どうしてもミスは起こるもの。重要なのは、その後どう対処するかです。二度と同じことが起きないよう、しっかり取り組んでいくという決意を力強く宣言しましょう。信頼を取り戻すためのフレーズを集めました。

LEVEL 1 同僚や付き合いの長い仕事相手に

以後気を付けます。

「気を付けます」「心がけます」のように、今後気を引き締めて臨むことを宣言します。精神論で終わってしまうのも心細いので、具体的な再発防止策を添えられるようにしましょう。

LEVEL 2 上司や取引先、顧客に

今後は十分に注意してまいります。

漢語で、引き締まった印象のフレーズに。部下が引き起こしたミスだった場合には、「今後は不行き届きのないよう、しっかりと指導（監督）してまいります」という言い方をすると良いでしょう。

LEVEL 3 特に大きな失敗をしたときに

二度と同じ過ちを繰り返さぬよう、肝に銘じます。

「ミス」と言わず「過ち」とすることで、真摯な印象を与えます。「銘じる」とは、消えないよう深く刻み込むことであり、「肝に命じる」という変換間違いをしないよう気を付けましょう。

詫びる・断るときの使い分け

予定したことを急遽とりやめる

イベントなどの中止を知らせるときは、理由や事情を説明するのが筋ですが、金銭トラブルなど、いわゆる「大人の事情」が関わるときは、あまり詳しい理由も説明できないものです。そういうケースの乗り切り方です。

 友人や同僚、付き合いの長い仕事相手に

色々ありまして

はっきり言わず、調整に難航したというニュアンスだけを示す言い方です。「少々都合が悪く」「どうにも調整が付かず」などでも良いでしょう。

 取引先や気を遣う知人、顧客に

諸事情により

言葉を硬くすると、聞き手が自然に「何か厄介なことがあったんだな……」と察してくれます。大和言葉で「折り合いが付きませんで」「いかんともしがたく」という言い方もできます。

 特に大きな企画を中止するときに

諸般の事情に鑑（かんが）み

「鑑みる」は、前例や規則を踏まえ熟慮することです。「〜に照らし合わせ考える」という動詞なので、本来は「"に"鑑みる」の形ですが、「諸般の事情を鑑みる」と使っている例も見られます。

ケース 14

ドタキャンになってしまうことを詫びる

ドタキャンをすると、非常に迷惑をかけてしまいます。口では「いいよ、いいよ」と言ってくれても、準備していたことが無駄になるわけですから、気分が良いわけがありません。開き直りに聞こえないよう、丁重にお詫びを。

LEVEL 1 友人や同僚、付き合いの長い仕事相手に

急で申し訳ありませんが、行けなくなってしまいました。

言い訳をし、自分を正当化しようとするとかえって逆効果。潔く謝りましょう。先にお詫びをしてから、事情説明するぐらいの順番でも良いのです。他に「ご迷惑をおかけしますが」など。

LEVEL 2 上司や取引先、気を遣う知人に

急遽、やむを得ない用事が入ってしまい、伺えなくなりました。

「やむを得ない」や「余儀ない」は「仕方のない、どうしようもない」という意味ですが、あらたまった言葉の方が緊急性・深刻性を感じさせます。「急に」を「急遽」にするのも同様の効果です。

LEVEL 3 特に重要な機会に行けないときに

よんどころない事情がありまして、本日のお約束を後日にしていただけないでしょうか。

「よんどころない」は具体的な事情をぼかした上で、事態の急迫性だけを感じさせる便利な表現です。キャンセルでなく、延期という方向で話をまとめられるよう工夫しましょう。

ケース 15

相手の厚意を辞するとき

電車で席を譲ろうとするとき。忙しそうな人に手伝いを申し出るとき。言い出す側は親切心と勇気で声をかけています。その善意をしぼませてしまう断り方は避けたいものです。感謝を示しつつ、遠慮する言い方を集めました。

 LEVEL 1　気心知れた相手に

そんな……大丈夫ですよ。

こちらは十分間に合っている、そうした親切はしなくても良い、という気持ちを伝える表現です。「要りません」というネガティブな言い方をせず、「大丈夫だ」と柔らかく伝えるわけです。

 LEVEL 2　取引先やお店の人などに

そこまでしていただかなくて結構ですよ。

「結構です」という言葉は、セールスなどを断るときにも使われ、言い方によっては、断固拒否するような、冷たい印象になってしまいます。にこやかな表情とともに伝えましょう。

 LEVEL 3　上品な印象を与えたいときに

どうぞ、お気遣いなく。

良かれと思ってやってくれていることです。相手の厚意（気遣い）を汲んだ上で、遠慮するようにしましょう。同様の表現に「お構いなく」「お気になさらず」があります。

家や会社、集まりに来るよう誘われたのを断る

「遊びに来てよ」「〇〇の会、加わらない?」 そう誘われた場合、お誘い自体は嬉しく名誉なことだと伝えるようにしましょう(内心どう思っているかは別として)。その上で、うまくスケジュール上の理由で切り抜けます。

LEVEL 1　同僚や付き合いの長い仕事相手に

ぜひ、とは思うんだけど、今ちょうど忙しくて。

断る場合も、「行きたいのは山々なんだけど」「興味はあるけれど」「面白そうな話ですが」などと、まず相手の気持ち自体を受け止めるようにして。

LEVEL 2　上司や取引先に

光栄なお誘いなのですが、今は都合がつきませんで。

自分に声をかけてくれたことは「光栄」「嬉しい」「ありがたい」ことであると伝えましょう。「今"は"都合がつかない」とすることで、含みを持たせた言い方にしておきます。

LEVEL 3　気を遣う相手に

しばらく立て込んでいるのですが、落ち着いたらぜひお邪魔させてください。

「いやー、ちょっと難しくて」と遠慮がちに断っていると、「少しぐらい何とかならないの」と、相手が詰め寄ってくる場合も。「落ち着いたら行きます!」と先回りして言う方がかえって良いのです。

ケース 17

雑談や電話を こちらの都合で切る

楽しい雑談や電話でも、長引き過ぎると、仕事や家事に差し支えるものです。だからといって、相手に「楽しくなかったのかなぁ」と思わせたくはないもの。もう少し話していたいけれど、残念ながら、というニュアンスを出して。

LEVEL 1　同僚や付き合いの長い仕事相手に

<mark>悪いんだけど</mark>、そろそろ仕事に戻るね。

まず、相手に申し訳ないという気持ちを示します。仕事に戻らなくてはならないというのは、皆の共通理解でしょうから、口にしやすい理由です。

LEVEL 2　目上の知人に

お話ししたいのは山々ですが、<mark>そろそろ</mark>失礼させていただきます。

「もっとお話をうかがっていたいのですが」「お話したいのは山々ですが」と残念そうにしながら、「そろそろ……」と切り出します。「切ります」とはっきり言うのを避けた言い方をしています。

LEVEL 3　取引先や気を遣う相手に

恐れ入りますが、<mark>あいにく</mark>来客のようでして。

来客や用事などを口実にするのが無難です（実際には無いとしても）。「あいにく」で無念さをにじませましょう。「お名残惜しいのですが」「せっかく楽しいところなんですが」なども使えます。

飲み物や食べ物などの すすめを断る

良かれと思って勧めてくれているので、相手の気持ちを傷付けないような断り方を選びたいものです。拒否する感じは避け、感謝しつつ遠慮するような態度で。肯定的（ポジティブ）な表現を選ぶのがポイントです。

 同僚や付き合いの長い仕事相手、知人に

ここまでで結構です。

「結構」は「良い」という意味なのですが、「結構です」は冷たくも聞こえてしまう表現なので、やわらかく言うようにしましょう。「お構いなく」「お気遣いなく」「大丈夫です」とも言えます。

 先輩や上司、取引先に

十分にいただきました。
ごちそうさまです。

「要らない」という否定的な言い方でなく、「十分に食べた（飲んだ）」という肯定的な側面に注目した言い方をします。断る以上に、ここまで美味しくいただいたことの感謝を多く伝えるようにします。

 特に気を遣う相手に

十分すぎるほど堪能いたしましたから。
お気遣い恐れ入ります。

「堪能」は、満ち足りて十分なこと。類語に「満足」「満喫」。「十分」で感謝は伝わりますが、「十分すぎるほど」「十二分に」と言うと、それを超える深い感謝を表すことができます。

贈り物を断る

贈り物を遠慮したり、規定上辞退したりするときの言い方。実際に物を渡されてしまい、突き返すことができない場合には、「せっかくのお持ちを無にするわけにもいきませんので、頂戴します」と言って受け取りましょう。

LEVEL 1　同僚や付き合いの長い仕事相手に

そんなに気を遣ってもらうと、かえって悪いので。

「かえって」「むしろ」などの語を使い、嬉しい反面、恐縮してしまう思いが強いことを伝えます。他に「お構いなく」「そのようなお気遣いは結構ですから」など。

LEVEL 2　上司や取引先に

ありがたいのですが、お気持ちだけ頂戴いたします。

贈り物をしてくれようとする相手の気持ち自体は、ありがたく受け止めましょう。その上で、物自体は遠慮します。「お心だけいただきます」とも。

LEVEL 3　顧客や取引先の贈り物を規定上辞退する場合

ご厚情を賜りながら心苦しいのですが、弊社の規定で、ご贈答品は辞退させていただいております。

担当者個人の考えではなく、会社全体としてルールで決まっているから仕方がないのだ、と説明することで、担当者間の個人レベルでの関係が悪化しないようにします。

Part

6

苦情を伝えるときの使い分け

もう少しやわらかく伝えたい、もっとはっきりと伝えたい。苦情を伝えるときはさじ加減が難しいですよね。適切な言葉をクッションとして選ぶことができれば、相手の対応も変わってきます。また、こういった場面では衝動的に言葉を選んでしまうのが一番のトラブルのもと。深呼吸して心を落ち着けてから、言葉を「使い分け」ましょう。

無理な仕事を頼んでくる相手に釘を刺す

納期や予算などの面で、無茶を言ってくる相手がいます。付き合いもあるので、今回だけは引き受けるけれど、それを当たり前のように思って欲しくない……そういう場面で使える表現を集めています。

LEVEL1 同僚や付き合いの長い仕事相手、知人に

今回<mark>だけ</mark>ですからね。

今回は引き受ける、その「は」の部分を強調する言い方です。つけ込んできそうな人には、さらに「今回だけだとお約束いただけますね？」と詰め寄っても良いでしょう。

LEVEL2 上司や取引先に

<mark>次回以降は</mark>お引き受け<mark>しかねます</mark>。

「〜しかねる」（〜できない、のあらたまった言い方）を使って、毅然とした意志を示します。「今回、対応いたしますのは、あくまで特例であることをご理解ください」と念を押しておきましょう。

LEVEL3 顧客や年上の知人に

すみませんが、<mark>このようなことは今回限りで</mark>お願いしたく存じます。

「こんな無茶は」「ひどいスケジュールは」などと具体的に口にするのが憚られる場合、「このようなこと」と指示語で曖昧にする手があります。「今回限り」つまり「次回はない」ということです。

ケース 02

問題点をズバリ指摘するとき

辛辣な批判を言われて嬉しい人はいませんが、どうしても言わねばならないときがあります。失礼かもしれないが、どうしても腹に据えかねたのだ、という切迫感と、相手のためを思って言うのだ、という姿勢を表現します。

LEVEL1 身近な人や同僚に

この際、はっきり言わせてもらうけれど。

今のこの場面だからこそ言うのだ、という感じを演出します。指摘すべきときだから指摘するわけで、相手を根本的に否定したり嫌ったりしているのではない、ということを匂わせます。

LEVEL2 先輩や付き合いの長い取引先に

耳の痛い話かもしれませんが。

「耳の痛い」は、聞くのがつらいこと。「私のような者が言うのも失礼な話ですが」「失礼に当たることは重々承知の上で申し上げます」などのクッション言葉を置いた上で、問題点に切り込みましょう。

LEVEL3 上司や顧客、年配の人物や高い役職の人物に

あえて直言させていただきます。

「あえて」と添えることで、本来言うべきでない無礼な内容だと知っているが、相手のためを思ってあえて言う、というニュアンスを。「直言」は、遠慮せず、率直に言うことです。

苦情を伝えるときの使い分け

はっきり答えるよう詰め寄るとき

自分たちにとって都合の悪い話をわざと曖昧にし、ごまかそうとする人がいます。はぐらかさずに明確な回答をして欲しいときには、こちらの憤りを伝えつつ、喧嘩腰になり過ぎない言い方を選ぶ必要があります。

LEVEL 1 同僚や付き合いの長い仕事相手、知人に

ちゃんと答えてもらえませんか。

「答えろよ」という命令形や、「何で答えないんだよ」という叱責口調は、こちらの品格を下げかねません。依頼の疑問文で、あえて丁寧な言い方をする方が、こちら側の正当性が伝わります。

LEVEL 2 上司や取引先に

明確なご回答をいただけないでしょうか。

敬語は残しつつ、きっぱりと要求しましょう。「きちんとしたお答えをいただけないでしょうか」でも構いませんが、こうした文脈では、漢語の硬質な印象を利用するのがオススメです。

LEVEL 3 文書での通達

誠意ある回答をお待ちしております。

弁護士も関わってくるような、大掛かりな問題においてもよく使われるフレーズです。言外に、はぐらかしているのは不誠実な態度であるとなじるニュアンスもあり、抗議の意が伝わる表現です。

ケース 04

失敗の原因が 相手にあると責めるとき

プロジェクトが頓挫したり、思うような成果を上げられなかったりしたとき、気まずくとも、責任の所在をはっきりさせなくてはならないでしょう。本人の自覚の度合いにもよりますが、明確に指摘しつつ、前後でフォローを。

 LEVEL1 同僚や知人に

はっきり言うのもなんですが、Aさんのせいですよ。

角が立つ指摘ですので、今後も関係が続くような近しい間柄の場合にはワンクッション言葉を挟むと良いでしょう。他に「こう申すのも失礼かと存じますが」「不躾(ぶしつけ)な物言いで恐縮ですが」など。

 LEVEL2 対等な関係の取引先に

今回、Aさんの仕事ぶりは期待外れだったと言わざるを得ません。

類似表現に「失望しました」。非難する言い方ですが、元々あなたに期待していたのに、ということも匂わせています。こちらの期待や信頼を裏切ったことを自覚し、反省するよう促す言い方です。

 LEVEL3 年上の相手、立場が上の取引先に

Aさんらしくもなく、驚いております。

本来は実力があるAさんらしくもない、と、相手を立てつつの批判です。少し言葉をフランクにすれば、後輩相手にも使うことができます。もっとできるはずでしょ、と相手を鼓舞する言い方です。

苦情を伝えるときの使い分け

相手の認識違いを指摘する

予算や納期、品質など、当初約束していたことが守られないこと、ありますよね。抗議しないと、向こうは「このままごまかし切れるかも……」と不誠実な対応を続ける恐れもありますので、毅然とした言い方で抗議しましょう。

LEVEL 1
 同僚や付き合いの長い仕事相手、知人に

前の話と**違いませんか**。

確たる証拠があれば、「違います」と言い切るのもOKでしょうが、勘違いによる失礼があっても困るので、疑問形がオススメ。「こちらの心得違いかもしれませんが」など、念のための一言を添えるのも。

LEVEL 2
 上司や取引先に（口頭で）

以前と話が**食い違っているようです**。

「～ているようです」という推定の文末は、「こちらの認識としては」という意味です。決め付けて一方的に責める言い方ではありません。もし誤解であれば、向こうが説明してくれれば良いわけです。

LEVEL 3
 上司や取引先に（メール・文書で）

以前のお話と**齟齬があるようです**。

書き言葉の際には、硬い言葉を選ぶことで、事態の重さを匂わせることができます。他の漢語表現に「認識の不一致が見られます」「そちらとこちらの認識には、大いに懸隔があるようです」など。

催促するとき

書類提出の〆切が守られない、払われるはずのお金が払われていない、など、遅れを指摘するときの言い方です。遅れている側が悪いのですが、言い方が悪いと、開き直って逆ギレされるケースもあるので、気を付けて。

LEVEL 1 同僚や付き合いの長い仕事相手、知人に

○○、早めにお願いします。

「本来の〆切は○日でしたが、まだご提出が確認できておりません」のように、はっきりと遅れを指摘するのが気まずいときに。「早めにやってね」と、未来志向の肯定表現を使うことで、トゲが少なく。

LEVEL 2 上司や取引先に（口頭で）

○○はどうなっているでしょうか。

うっかり報告し忘れているだけで、実は進んでいる、ということもあるかもしれません。思わぬ無礼を防ぐために、早くするよう要求するのでなく、状況を尋ねるようにします。

LEVEL 3 上司や取引先に（メール・文書で）

○○の進捗はいかがでしょうか。

「進捗」とは、物事のはかどり具合。「進捗状況」と書いても構いません。「期限が○日に迫っておりますので、念のため確認させていただきました」と、期限の再確認がてら添えるのも良いでしょう。

ケース 07

パワハラ・アルハラ・セクハラを受けたとき

権力や腕力を武器にして、弱い立場の人間に不快な思いをさせる行為は言語道断です。ただ、職場やコミュニティの人間関係に気を遣い、抗議しにくいときもあるかもしれません。まずは、定番の切り返しを覚えておきましょう。

 行為の卑劣さ［ひどい］

このような振る舞い、Aさんらしくありませんよ。

「Aさんは本来そのような人ではないはずです。もっと素晴らしい人のはずです」と、正気に戻るよう促す言い方です。幻滅や失望の色をあらわにして言うと良いでしょう。

 行為の卑劣さ［よりひどい］

度が過ぎています。

ハラスメント行為をする側は「これぐらい普通」「こんなのお酒の席の冗談のうち」と捉えています。その認識を正す言い方です。他に「限度を越えています」「冗談が過ぎますよ」など。

 行為の卑劣さ［かなりひどい］

しかるべき対応を考えざるを得ません。

「しかるべき」は「然るべき」。「それ相応の、ふさわしい」という意味。会社の担当窓口に相談、弁護士に相談といった対応に出ることを示唆します。これで響かない人はもう仕方がありません。

ケース 08

相手の説明が
分かりにくいとき

「説明が下手」と言われるのは、思いの外ショックであるものです。「私には早口だったので、もう少しゆっくりお願いしたい」「例を挙げてもらえると有難い」など、具体的なリクエストになると、相手もあまり傷付きません。

LEVEL 1　同僚や知人に

あの部分、
今の説明だけではちょっと呑み込めなくて。

「分からない」「分かりにくい」とはっきり言うのは決まりが悪いものです。「呑み込めなかった」「ピンと来なかった」など、表現のバリエーションを持っておきましょう。

LEVEL 2　上司、取引先に

Aの部分、
もう少し詳しくご説明願えませんか。

分からなかった、のではなく、念のためにもう一度聞いておきたいのだ、というニュアンスで尋ねます。「お教えください」「ご教示ください」などの言い方も使えます。

苦情を伝えるときの使い分け

LEVEL 3　年上の知人、立場が上の取引先に

不勉強で申し訳ないのですが……

自分の知識や理解力の方に問題があるとして、謙虚に尋ねます。他に「浅学の身で」「寡聞にして存じませんでした」など。関係性、使う場面に気を付けないと、かえって嫌味に聞こえてしまいます。

ケース 09

これからは
気を付けて欲しいと言うとき

ミスの再発は避けたいもの。ヒューマンエラーで起きた問題であれば、担当者には以後、十分注意してもらいたいものですね。それまでの注意不足をねちねちと責めるような、嫌味な言い方にならないように。

LEVEL 1　後輩や友人、身近な知人に

これからは**ちゃんとして**くださいね。

「ちゃんとして」「しっかりしろ」「きちんとね」などの語で、カジュアルに注意を促します。「提出前に音読して誤字脱字がないようにしましょう」など、具体的に方法を指示するのも◎。

LEVEL 2　同僚や付き合いの長い仕事相手、知人に

今後ともご注意ください。

「今後は」というと「は」で角が立ちかねませんので、「今後とも」。説教をするようで気が引ける場合には、「お互いに注意してまいりましょう」のように呼び掛ける言い方にすると良いでしょう。

LEVEL 3　上司や取引先に

ご**留意**いただけますと幸いです。
　　りゅうい

「注意」→「留意」と言葉を格上げすると、あらたまった印象です。これまでも十分注意しているかと思うが、さらに、というニュアンスの「より一層のご留意の程、よろしくお願い致します」も。

苦情を切り出すとき

一緒に仕事を進める相手に、要望や依頼でなく、苦情や文句という形で指摘しなければならないのは、よほどまずい状況です。相手の側にその問題認識がないように見えるときは、こちらの怒りを明確に示す必要があります。

 同僚や付き合いの長い仕事相手、知人に

もう我慢の限界です。
一言言わせてもらいます。

身近な関係性の場合は、自分自身の個人的な感情をにじませた言い方をした方が効果的です。メールなどでは、「もう堪忍できない」「承服しかねる」のような漢語を選ぶのも、事態の深刻性を示せて◎。

 上司や取引先に

この際ですので、
はっきり言わせていただきます。

立場が上の相手には「おかしい」「変だ」などとはっきり言いにくいものです。その違和感全てを「この際」という指示語にこめます。それだけの状況なので、失礼だとしてもはっきり言うわけです。

 顧客や特に目上の知人に

さすがに一言申し上げないわけには参りません。

「さすがに」は、あることをそのままには容認できない様子を表しています。このまま見過ごすわけにはいかない、というわけです。それだけ呆れる状況であることを相手に伝えます。

同意できないことを伝えるとき

反対の立場であることをはっきりと表明する言い方を紹介します。話の通じそうな相手であれば、「それだと、○○に関してはどうお考えですか」のように、問題点に気付くよう誘導するというやり方もあります。

  同僚や付き合いの長い仕事相手、知人に

私は反対です。

他に「賛成（同意）できません」「不同意です」など。話し合い全体、関係全体に悪影響を及ぼしたくない場合は、「その点に関しては」と前置きをしてから。

  上司や取引先に

同意いたしかねます。

「〜できない」を「〜かねる」にかえて、冷静な印象に。無茶なことを頼まれた流れなら「承諾しかねます」、理不尽な中傷を受けた場合には「是認しかねます」「承服しかねます」も使えます。

  個人としてでなく組織として、取引先に

当方（当社）の見解は異なります。

「反対だ」「同意できない」などと言うと、角が立ちそうな場合に便利な言い方です。認識が違うことを述べてから、自分の主張を説明する流れです。

騒音をやめて欲しいとき

ご近所だけに、逆恨みされたら厄介なことに。例えば、相手の良識を疑うような言い方をし、プライドを傷付けてしまうと、余計なトラブルを導きかねません。具体的な要望を伝え、お互いに歩み寄ることを目指しましょう。

 付き合いのある近所の人に

夜とか、もう少し静かにしていただけると助かります。

時間帯を限定してお願いすることで、お互いに歩み寄ることを目指します。相手が良識的な人なら、「夜、お静かに」と頼めば、他の時間帯に関しても、今までよりは音に注意するようになるはずです。

 付き合いのない近所の人に

我が家は早く休むもので、○時以降は気持ち静かめにお願いできますか？

生活習慣の違い、時間感覚の違いがあるものです。こちらの事情を説明し、柔らかい言葉でお願いします。ここでの「気持ち」は「少し、いくらか」という意味です。

 店舗や事務所としてのクレーム

業務に支障が出かねませんので、音量にご配慮いただきますよう、お願い申し上げます。

会社として抗議する際は、硬めの言葉遣いで要望を伝えます。「静かにしろ」と言うよりは、「音量に配慮してください」の方が、角の立たない言い方です。

注文した商品が届かないとクレームを入れるとき

個人として商品を購入した際も、企業として商品を発注した際も、使いたいタイミングがあって注文したわけです。その日までに届かないと困ってしまいますね。それを問い合わせるときの言い方です。

 期日からの遅れ〔長い〕

まだ届いていないようなんですが……。

口頭なら、ここまで言いかけたところで、向こうが「至急調査いたします」と応じるはずです。メールでは「どのような状況でしょうか」「いつお送りいただけるでしょうか」などと続けましょう。

 期日からの遅れ〔短い〕

既にご送付いただいていたら恐縮ですが、まだこちらの手元には届いておりません。

ほんの少しの遅れで青筋を立てて文句を言うと、クレーマーだと厄介がられてしまいます。行き違いかもしれないと断りつつ、冷静な言い方で問い合わせた方が、気まずくならなくて済むでしょう。

 気を遣う取引先や、顧客に対して

不躾ながら、お送りいただける目安をお知らせ願えますでしょうか?

顧客から返品したいと申し出があったのに、なかなか商品が返送されてこないケースなどで使います。「早く送ってください」より、「送る目安を教えてください」の方が、角は立ちにくいです。

ケース 14

静かにして欲しいと訴えるとき

夜の時間帯なのに、新幹線で大騒ぎするグループがいる。劇場で、上演中でもおしゃべりをする人がいる。そうした際に思い出したいフレーズです。見知らぬ人に注意するのは気が重いことですが、丁重に話しかけましょう。

LEVEL 1 丁重さ〔普通〕

静かにして**いただけますか？**

「静かにしろ」と命令口調で言うのでなく、協力をお願いするイメージの疑問文で言うと良いでしょう。「アナウンスが聞こえませんので」「お休みの方もいらっしゃるので」など、理由を添えるのも◎。

LEVEL 2 丁重さ〔高い〕

私語は**ご遠慮いただきますよう**お願い致します。

「私語はやめてください」と直接的な言い方をするより、「私語はお控えください」「私語はご遠慮ください」と言う方が、落ち着いた印象を与えます。口論になることを防ぎやすいでしょう。

LEVEL 3 丁重さ〔とても高い〕

ご静粛に。

裁判中、弁護士や検察官がヒートアップした際に「静粛に」と裁判官に注意される。そのようなドラマを見たことがあるのでは？ 裁判に限らず、厳粛な雰囲気の式典ではこのフレーズが似合います。

苦情を伝えるときの使い分け

常識的な対応を欠く相手に対してのクレーム

依頼のあった商品を送付する、とか、期限までに入金する、とか、そういった当たり前に守られるべきことが守られないときに、相手を追及する言い方です。相手の行為や態度がいかに間違っているかを説きます。

不満の度合い［普通］

○○もしていただけないのですか？

これは疑問文の形を取っていますが、「していただけないのですか、当然していただけると思っていたんですが」という気持ちが暗示されている、厳しい反語の口調です。

不満の度合い［高い］

○○にもご対応いただけないとは、失望いたしました。

「〜にも」という部分は、「〜さえ（も）」「〜すら（も）」でも構いません。いずれの助詞でも、「そんな程度のことさえ」という呆れた気持ちをこめることができます。

不満の度合い［とても高い］

○○は当然と考えておりましたので、極めて遺憾です。

「遺憾」は「残念」のあらたまった言い方です。国の外交においても、他国が日本に対して侮辱的なことをした場合などに、「極めて遺憾です」と憤りを表明していますね。

現状ではマズいと問題提起するとき

属する組織やコミュニティが課題を抱えているとき、誰かが声を上げなくては、いつまでもそのままです。言い出しづらくとも、決まりが悪くとも、勇気をもって問題提起したいところです。まずは言い方を覚えて。

LEVEL 1　部署・コミュニティのメンバーに対して

このままで良いとは思えません。

単に「ダメだと思う」と言うのは、愚痴・悪口に過ぎません。変えなくてはいけない、という使命感をもって語りましょう。他に「見過ごすわけにはいきません」「何もしないわけには参りません」など。

LEVEL 2　目上の人に対して（口頭）

現状で問題ないとお考えでしょうか。

疑問文の形で問いかけます。「〜とお考えでしょうか、そんなはずないですよね」という、反語のニュアンスです。「おかしいと思いませんか？」「変ですよね？」よりも、冷静で知的な印象です。

LEVEL 3　目上の人に対して（メール・文書など）

現在の状況をひどく憂慮しております。

書き言葉で、詰問調の疑問文を書くと、感情的でキツく見えてしまいます。書き言葉にふさわしい硬めの言葉を選びつつ、自分の問題意識を伝えます。他に「懸念しております」「看過できません」など。

季節ごとに使い分けたいひと言

季節ごとに使い分けるとぐっと印象がアップする挨拶を紹介します。

（ 春 ）

「ようやく寒さも
やわらいでまいりました」

春の初めに。「暦の上では春でも、まだ寒いですね」もよく使われます。

「桜の便りに
心の弾む頃になりました」

「桜の蕾も膨らみ」「桜も散り始めました」など、桜の話題は挨拶に便利です。

（ 夏 ）

「梅雨も明け、
本格的な夏を迎えました」

日射しや入道雲の夏に。梅雨の間は「うっとうしい時期ですね」など。

「お疲れの出やすい折です。
ご自愛を」

熱中症や夏バテを心配しての一言。他に「ご無理なさいませんよう」。

（ 秋 ）

「さわやかな
秋晴れの日々ですね」

秋は好天の多い季節。その快さを分かち合いましょう。

「木々の梢も
色付いてまいりました」

紅葉を奥ゆかしく言う表現。晩秋には「枯葉舞い散る季節」「落葉の季節」。

（ 冬 ）

「暖かくなるのが
待ち遠しいこの頃です」

寒さを厭い、春を待ち望むのは万人に共通の思い。会話やメールの糸口に。

「お風邪など
召されませんよう」

「風邪を引く」を尊敬語にした「お風邪を召す」は上品な響きです。

Part

7

挨拶をするときの
使い分け

「初めまして」「こんにちは」「お久しぶりです」など
の定番フレーズだけでもコミュニケーションは成り立ち
ます。しかし、大人にふさわしい多彩な語彙を活か
した挨拶で、印象アップを狙うべきです。挨拶は会
話の入り口ですから、適切な言葉を選べると、その
後の会話も弾むのではないでしょうか。

初めて会う相手に

第一印象は肝心です。「これからよろしくお願いします」の気持ちをこめて、丁重に挨拶しましょう。あらたまったビジネスメールの場合、「初めまして」の代わりに「初めてご連絡差し上げます」と書くのがオススメです（p149）。

LEVEL 1 少しくだけた感じ

どうも。

大人数が集まる打ち合わせやパーティーなどの席で、初めての人と目が合ったら、会釈をしつつ、こう切り出しましょう。「どうも、初めまして」と続ける方がベター。

LEVEL 2 一般的に

初めまして。

初対面の人に会う際の、定番の挨拶です。こう一言伝えたら、次ページの「会えて嬉しいと伝えるとき」のフレーズを続けるようにしましょう。

LEVEL 3 上品に

お初にお目にかかります。

「初めまして」を一つ上品にした言い方です。「お目にかかる」は「会う」の謙譲語。これだと少し仰々しいと感じるなら、「初めてお会いしますね」でも良いでしょう。

初対面で、
会えて嬉しいと伝えるとき

「初めまして」にもう一言添えることで、緊張しがちな初対面の場が温まります。英語で言う「Nice to meet you.」です。これを機に絆が深められるよう、笑顔で伝えるようにしましょう。

LEVEL 1　知人・友人から紹介された相手に

お会いできて嬉しいです。

「嬉しいです」を「嬉しゅうございます」「光栄です」「幸甚の至りです」などと入れ替えることで、場の雰囲気に合わせたフォーマル度の調節が可能です。

LEVEL 2　取引先、その界隈で有名な相手に

お目にかかれて光栄です。

相手に会える嬉しさを、「お目にかかる」という謙譲語で表現します。なお、「お目にかける」は「(何かを)見せる」という意味の謙譲語なので、混同しないようにしましょう。

LEVEL 3　特に重要な人物、特に目上・年上の人に

お目通りが叶い、
僥倖なことでございます。

「お目にかかる」をさらに丁重にした「お目通りが叶う」。同じ意味で、より古風で奥ゆかしい女性語に「お目文字が叶う」もあります。「僥倖」は思いがけない、偶然の幸せをいう言葉です。

挨拶をするときの使い分け

久しぶりに対面（連絡）するとき

長い間会えなかったことを残念がり、懐かしい再会を喜ぶ表現です。ただし、ビジネスなどでよく使う「ご無沙汰しております」には、それとは別の思いがこめられています（下記参照）。

LEVEL 1 付き合いの長い仕事相手、知人・友人に

お久しぶりです。

前に会ってから間が空いてしまったことを言います。再会を喜ぶ気持ちをこめて。別の言い方に「しばらくぶりです」「お久しゅうございます」なども。気軽な関係では「おひさ」など、略されることも。

LEVEL 2 取引先、学生時代の先輩など年上の知人に

ご無沙汰しております。

「無沙汰」は、沙汰が無いこと、つまり、本来訪問や連絡などをすべきなのに、それを怠っていたことを表します。怠惰により礼儀に反してしまったことを詫びる気持ちをこめる挨拶です。

LEVEL 3 特に気を遣う相手、顧客対応で

平素のご無沙汰をお詫び申し上げます。

上述の通り、ご無沙汰な状態になってしまったのは、こちらの過ちゆえです。それを詫びることで、この関係性を大切に思う気持ちを表現します。「平素」は、普段、常日ごろ。

旅行の土産、手土産を差し出すとき

かつて定番の挨拶は「つまらないものですが」「粗品ですが」でした。時代が変わる中で、そこまでへりくだるのは卑屈で、かえって不自然であると感じる人も増えているようです。それ以外の謙遜表現をご紹介します。

LEVEL 1 同僚や付き合いの長い仕事相手に

大したものではないんだけど、良かったら。

「すごくはないが、まあまあの物」という言い方で、「つまらないもの」よりは、おだやかな謙遜です。食べ物なら「お口に合うと良いのですが」、お土産なら「旅先で見かけたもので」などを添えて。

LEVEL 2 上司や取引先に

ささやかですが、よろしければ、お納めください。

さりげない謙譲表現です。お祝いなどで、お金や金券を渡す際にも使えるフレーズですので、覚えておくと便利。「お受け取りください」より押し付けがましくなく、上品に言えるのが「お納めください」。

LEVEL 3 初めての取引先に

ほんの心ばかりの品ではございますが、ご笑納ください。

「心ばかりの」は、品物自体は大したものではないが、気持ちの一端を表す物としてお渡しします、という意味。「ご笑納ください」は、粗末な品なので笑ってお受け取りください、と謙遜する言葉です。

挨拶をするときの使い分け

お礼を言われたとき

「したり顔」という言葉があります。まるで「してやったり」と顔に書いてあるかのような得意顔、自慢げな顔という意味です。現代では「ドヤ顔」とも言いますね。そういう印象を与えないよう、謙虚に返しましょう。

 同僚や付き合いの長い仕事相手に

どういたしまして。

素直で、定番の返し方です。ただし、目上の相手に対しては、あまり使いません。相手が恐縮しているようなら、「お気になさらず」と一言添えると良いでしょう。

 上司や取引先に

お役に立てたのでしたら、光栄です。

相手はこちらに手間や迷惑をかけたことを申し訳なく思っているはずです。「相手の役に立てたことで、むしろ自分も嬉(うれ)しいのだ」と伝えるようにしましょう。

 顧客対応

お力になれましたかどうか。

「力」に「お」を付けているので、相手の力のこと。相手の役に立てたかどうか自信はないと、控えめに言う表現です。上の「お役に立てたのでしたら」も仮定形で言うことで、控えめにしています。

スピーチで本気で取り組むと語るとき

任命されて抱負を語る、新年度の目標を語る。そうした場で「本気でやります！」と宣言する流れです。くだけた席であれば「本気で」「マジで」「ガチで」で良いのでしょうが、スピーチではどう言えば良いでしょうか。

LEVEL 1 部署内の朝礼などで

<mark>全力</mark>で取り組みます。

「真面目にやります」では、「それは当たり前だろ！」と突っ込まれかねないので、「全力で」や「真摯に」「真剣に」「直向きに」などを使うと良いでしょう。

LEVEL 2 忘年会・新年会など懇親会の席で

全精力を<mark>傾注</mark>いたします。

「傾注」は、傾けて注ぐ、つまり力を注ぎこむことです。「集中する」というよりも、「傾注する」「専心する」と言う方が、真剣さが伝わるでしょう。

LEVEL 3 総会や式典などのあらたまった席で

<mark>不退転</mark>の決意で臨みます。

「不退転」はもともと仏教用語で、何事にも屈せず、固く信じて心を曲げないことを言います。大きなものを懸けての、悲壮な覚悟を語る際には、「退路を断って、背水の陣で臨みます」と言うのも。

来客を帰すとき

自宅や店、会社に足を運んでくれた人が帰るときには、来てくれたことをねぎらい、感謝し、また来てくれるよう呼びかけます。その際、せっかく来てもらったのに、大したこともできなくて、と謙遜すると、上品な印象です。

気を遣う度合い［普通］

今日はありがとう。また遊びに来てください。

感謝の気持ちと、また来て欲しい気持ちを素直に伝える言い方です。「またお立ち寄りください」「お運びください」など、言葉を置き換えると、より上品にすることができます。

気を遣う度合い［強い］

十分におもてなしすることもできず、失礼しました。よろしければ、また是非。

相手がわざわざ来てくれたのに、苦労に見合うおもてなしができなかった、と詫びる言い方です。「よろしければ」「お時間が許せば」「機会があれば」などと、クッション言葉を添えると控えめに。

気を遣う度合い［とても強い］

何のお構いもできませんで。これに懲りず、またお運びください。

自分の側が提供する食事や対応を「おもてなし」と呼ぶのが憚られる場合、使える表現が「お構いもできませんで」。こちらの不十分な対応に呆れたかもしれないが、どうか懲りずに、と呼びかけます。

ケース 08

病気やけがで、入院や休職される方に

心配する思いを伝えつつ、回復・復帰を祈りましょう。入院・休職してしまうと、孤独な気持ちもあります。あまりプレッシャーをかけ過ぎないよう配慮しつつ、戻ってくるのを心待ちにする気持ちを伝えましょう。

LEVEL 1 身近な人や親しい同僚に

お大事に。
一日も早く元気になるよう祈っています。

「お大事に」「お身体を大切に」「ご自愛ください」といった、自分の体をいたわるよう、呼びかけをします。そして、回復を祈る気持ち、応援する気持ちを相手に届けましょう。

LEVEL 2 同僚や取引先に

仕事のことはご心配なく。
一日も早いご回復をお祈りいたします。

仕事に穴をあけたり、家庭を留守にしたりすることを気にする人も多いものです。それは気にせず、今は体調回復に専念して欲しいと伝えます。「留守の間は安心して私どもにお任せください」とも。

LEVEL 3 特に目上の人に

十分にご養生されますよう。
ご全快を祈念しております。

安静にして回復を待つのが「養生」。「休養」と同じですが、「養生」「静養」という語を使う方があらたまった印象です。他にも、「心配しています」を「案じております」と置き換えるのも、上品です。

挨拶をするときの使い分け

お酒を勧められたが、下戸で飲めないとき

昔ほど「俺の酒が飲めないのかー!」と強要する人は減りましたが、一緒にお酒を飲んで親しくなろう、という発想は根強いものです。飲むよう誘ってくる人に悪気はありません。それを踏まえた上で断りましょう。

LEVEL 1　同僚や付き合いの長い仕事相手に

せっかくなんですが、お酒飲めなくて。

誘ってくれた相手の気持ちを傷付けないよう、その気持ちだけは受け取りましょう。「せっかくですが」「残念ながら」「あいにく」「お誘いは嬉しいんですが」と、厚意を受け止める言葉を。

LEVEL 2　上司や取引先に

残念ながら、お酒に弱いもので。

「飲めない」と言うのは、少し強く聞こえます。「弱くて」とか、「体質上お酒は控えていて」という方がマイルドに聞こえるでしょう。本当は一緒に楽しみたいのだけど、という気持ちを伝えます。

LEVEL 3　特に目上、年上の気を遣う人に

あいにく不調法(ぶちょうほう)なもので。

「不調法」は本来、不始末、不行き届きという意味の語ですが、下戸の言い換えとしても使われます。お酒は嗜(たしな)みだと考える人に、自分はそうした嗜みを身に付けていなくて、と謙遜しつつ断ります。

ケース 10

先に帰るとき

時間を共にするのが、相手を大切にする気持ちを一番表す行為です。だからこそ、先に帰ってしまうのは、決まりが悪いものです。職場でも宴会でも悪い印象を残さないよう、礼儀正しい一言を残して帰りましょう。

LEVEL 1 気心の知れた同僚や家族・親戚の元から

すみませんが、お先に。

他の人よりも先に帰ることを申し訳なく思い、恐縮する言い方です。「また今度（明日も）、よろしくお願い致します」など、一言添えても良いでしょう。

LEVEL 2 職場などから

お先に失礼いたします。

「失礼いたします」は、礼儀に反することをするとき全般の挨拶ですが、辞去の挨拶としてよく使われます。まだ残っている人が多い場合、「すみませんが」などと、一言添えても良いでしょう。

LEVEL 3 取引先や目上の知人の同席する会食・パーティーから

この辺りでお暇（いとま）させていただきます。

「暇乞（いとまご）い」という言葉があります。勤務先から暇をもらう（＝辞めさせてもらう）ことから、別れを告げること全般を意味するようになった語です。それが挨拶になったのが「お暇する」ですね。

激励の声をかけるとき

定番は「頑張ってください!」ですが、既に十分に頑張っている人、目上の人にはかけにくい言葉かもしれません。その場合には、シンプルに、こちらの応援する気持ちを届けるようにしましょう。

 身近な友人・知人、同僚に

頑張ってね。絶対上手くいくよ。

あなたが相手の活躍を信じる気持ちが、相手の力になります。相手にばかりプレッシャーをかけたくない場合は、「お互いに頑張ろうね」と呼びかける言い方もあります。

 先輩に

吉報を。応援しております。

吉報はめでたい知らせのこと。合格や目標達成などの良いニュースです。具体的には何も手伝えないが、気持ちとしては、という場合、「陰ながら応援しております」というフレーズも使われます。

 気を遣う相手、書き言葉で

ご健闘を心よりお祈りいたします。

「ご健闘」の他、「ご活躍」「ご成功」「快進撃」などの語も使えます。手紙や電報などのあらたまった文章であれば、心の底からの本心を意味する「衷心より」を付けても良いですね。

受験や資格試験などの合格を祝うとき

入学試験や就職試験、資格試験、昇格試験など、どのような試験に臨む場合も、努力が欠かせません。祝福と同時に、その努力にねぎらいを。本人はもちろん、ご子息・ご令嬢、時にはお孫さんの合格にも使える表現です。

LEVEL 1 同僚や身近な友人（やその子ども）に

合格おめでとう！
努力が実って良かったです。

頑張りを間近に見たり、詳しく聞いたりしてきたのなら、「努力の賜物(たまもの)ですね」「これまでの努力を思えば当然の結果ですが」などと言うのも◎。

LEVEL 2 先輩や取引先（やその子ども）に

合格おめでとうございます。
努力が報われ、さぞお喜びのことでしょう。

結果だけでなく、その過程も評価したいところです。「さぞ」「さぞかし」「どれほど」と、相手の喜びに寄り添う声かけをするのが良いでしょう。

LEVEL 3 特に気を遣う相手に

合格されましたこと、
心よりお慶(よろこ)び申し上げます。

「ご合格」とは言いづらいので、「〜された」「〜なさった」と、後ろに敬語を。「喜び」の表記も間違いではありませんが、おめでたい慶事を祝う場合、「お慶び申し上げます」と書くのが一般的。

ケース 13

結婚を祝うとき

結婚式で気を付けたいのは忌み言葉。死や病、終わりを連想させる言葉を避けます。例えば「去る」「切る」「帰る」「終わる」などの語は言い換えるようにします。気にする人は重ね言葉（再び、返す返すなど）も気にします。

 LEVEL 1　身近な同僚や友人に

ご結婚おめでとう。
愛情にあふれた明るい家庭を築いてください。

よく知った相手のためにスピーチをする場合は、個人的な思い出や、知られざる新郎新婦の人柄を交えて、あなたにしか言えない祝辞を言うようにした方が喜ばれます。

 LEVEL 2　メール・電報などの書面

ご結婚を祝し、
末ながく幸多かれと祈ります。

「ご多幸」を訓読みで書き下したのが「幸多かれ」です。どうしても硬くなりがちな電報ですが、和語を選ぶとやわらかい印象を与えられます。

 LEVEL 3　メール・電報などの書面（特に気を遣う相手）

お二人の輝かしい門出を祝福し、前途ますますのご多幸と、ご家族皆様方のご隆盛を祈念いたします。

会社としてメッセージを出す場合など、公的な意味合いの強いときには、こうしたあらたまった文面の方が良いでしょう。「華燭の御盛典を祝し」というのも電報定番のフレーズです。

お悔やみを述べるとき

何と声をかけて良いか、言葉を失うときです。そうしたとき、黙ってしまうのも決まりが悪いものです。定番の挨拶を押さえておき、その中に万感の思いをこめるようなつもりで、悲しみを分かち合いましょう。

 通夜や葬儀の席で

この度は御愁傷様です。

受付の際、また、遺族と対面した際には、まずこう言うか、「お悔やみ申し上げます」と言いましょう。落ち込む遺族を励ます言葉に、「どうか、お力落としなさいませんように」があります。

 メール・電報で

ご逝去を悼み、謹んでお悔やみ申し上げます。

亡くなった人を敬って「ご逝去」とするのが一般的です。従って、遺族が挨拶するときなどは、「永眠しました」「旅立ちました」など、「逝去」は使わずに表すことが多いです。

 メール・電報で（よりあらたまった場合）

A様のご逝去の報に接し、謹んで哀悼の意を表します。ご遺族の皆様のお悲しみをお察し申し上げますとともに、故人のご冥福を心よりお祈りいたします。

組織として、従業員の親御さんが亡くなって電報を出すという場合には、父親の場合「ご尊父様」、母親の場合「ご母堂様」とします。なお、夫なら「ご夫君様」、妻なら「ご令室様」「ご令閨様」です。

年賀状での新年のご挨拶

最近はメールやSNSでやり取りする人も増えてきましたが、大人として年賀状の原則も確認しておきましょう。「Happy New Year」や「明けましておめでとう」よりあらたまった印象の挨拶を集めました。

身近な人や同僚に

賀正

「お正月を祝賀する」で「賀正」です。他にも「賀春」「迎春」「新春」「頌春（しょうしゅん）」などの熟語を用いることができます。「旧年中はお世話になりました」「本年もよろしくお願いいたします」と続けて。

先輩、取引先や顧客に

謹賀新年

二文字の賀詞にはない、「謹んで」のニュアンスが入りますので、目上の人にはこちらの表現を選ぶ方が安心です。同じく「恭しく（うやうやしく）」の字が入る、「恭賀新年」も使うことができます。

特に目上の人に

謹んで新年のお祝いを申し上げます

「お祝い」の代わりに「お慶び（およろこび）」「ご祝辞」「ご挨拶（ごあいさつ）」と書いても構いません。「旧年中は格別のご厚誼（お引き立て）を賜り、厚く御礼申し上げます」などの挨拶を続けましょう。

ケース 16

見送りは不要と伝えるときの別れの挨拶

ビルの下や駅の改札まで見送ってくれようとするのはありがたいのですが、かえって恐縮しますし、早めに別れてスマホなどを確認したいときもあるでしょう。そういうときに、相手の親切を傷付けずに遠慮する言い方です。

LEVEL 1　付き合いの長い仕事相手、知人・友人に

ここで大丈夫。では、また。

「気を遣わなくて大丈夫だよ」という気持ちをこめての「大丈夫」。他に別れの挨拶としては、「じゃあね」「また今度」など。「さようなら」は、日常会話ではあまり使われません。

LEVEL 2　取引先、年上の知人に

このあたりで結構です。
失礼いたします。

見送ってくれる相手の気遣いに感謝しつつ、遠慮する言い方。「結構です」が冷たく聞こえないよう、気を付けて。「またお目にかかりましょう」「今度は〇〇で」などと添えるのも温かい印象です。

LEVEL 3　特に年上の相手に

こちらで失礼させていただきます。
それではごめんください。

「ごめんください」は、辞去するときの上品な挨拶です。帰ってしまう失礼をお許しください、というわけです。なお、店や他人の家を訪問したときにも「ごめんください」と声をかけることができます。

挨拶をするときの使い分け

ケース 17

電話で、今いないことを伝えるとき

相手の顔が見えない分、より気を遣うのが電話応対です。会社にかかってきた電話で、当人が不在だった際の答え方をまとめています。家の固定電話で、家族の不在を言う場合は「今おりませんで」「今出られませんで」でOK。

LEVEL 1 社内の身近な人、付き合いの長い仕事相手に

すみませんが、今ちょっといないようです。

相手はわざわざ電話をかけてくれているので、一言、「すみませんが」「せっかくご連絡を頂いたのですが」などと、クッション言葉で前置きを。

LEVEL 2 取引先・顧客に（その人がすぐに戻ってくる）

只今、あいにく席を外しております。

お手洗いや打ち合わせなど、社内にいるが、デスクにはいないと言う場合は、「席を外す」が定番です。「あいにく」に、せっかく電話をかけてもらったのに申し訳ない、という気持ちをこめて言います。

LEVEL 3 取引先・顧客に（その人がすぐには戻ってこない）

申し訳ないのですが、本日不在にしております。

「外しております」「出張中です」「休日で出社しておりません」と具体的に言うこともできますが、先方に言うべきか分からない場合は、本日は不在であるという事実のみ伝えれば良いでしょう。

ケース 18

思わぬところで
人と会ったとき

休日に街を歩いていたら、取引先の人とばったり遭遇した、という経験はありませんか？ そうした、思わぬ場所での偶然の再会の際、「あら、これはこれは」「びっくりした」では失礼になる場合も。とっさでも、反応できるように。

LEVEL 1　付き合いの長い仕事相手、知人・友人に

こんにちは。偶然ですね。

多少決まりが悪くとも、率先して挨拶するようにしましょう（遠いようなら、せめて会釈だけでも）。偶然の出会いを喜ぶようなフレーズを使いましょう。

LEVEL 2　先輩や年上の知人に

こんなところでお会いするとは
奇遇ですね。

「奇遇」は「偶然」の類語で、思いがけなく出会うこと、意外な遭遇を表す言葉です。偶然のおかげで会うことのできた嬉しさを表現することができます。

LEVEL 3　上司や取引先に

珍しいところで
お目にかかりましたね。

普段とは違う場所で遭遇した驚きを表すフレーズです。プライベートに立ち入るのはよくないので、挨拶だけ済んだら、「お会いできて光栄でした。それではまたよろしくお願いします」と切り上げて。

挨拶をするときの使い分け

ケース 19

乾杯の音頭を取るとき

定番の流れとしては、「本日はお集まりいただきまして」というお礼、「僭越《せんえつ》ながら私、○○課のAが音頭を取らせていただきます」という簡単な自己紹介、会の目的、そして、乾杯の発声です。

 LEVEL 1 友人や部署内のメンバーの集まった席で

今日は皆で
大いに盛り上がりましょう。乾杯！

「乾杯！」の前に「それではご唱和をお願いします」を挟む場合もあります。身内の席は堅苦しいこと無しに、楽しく挨拶すればOKです。「再会を祝して」「今年一年お疲れ様でした」など場に応じて。

 LEVEL 2 あらたまった宴席で

○○のますますの発展と
皆さんのご健勝を祈願しまして、乾杯！

「グラスの準備も整ったようですので」と言って乾杯に移ると良いでしょう。皆で「乾杯」と唱和した後には、別に目立たなくて構わないので、「ありがとうございました」と一言。

 LEVEL 3 葬儀や法事の席で

それでは、
故人の冥福を祈りまして、献杯《けんぱい》。

葬儀や法事の席では「乾杯」とは言いません。故人を偲《しの》び、供養する気持ちをこめつつ、「献杯」する（敬意を表するために相手に盃《さかずき》を差し出す）のです。威勢のいい乾杯と違い、静かに言います。

転職先でも頑張るよう励ますとき

送別会の席では、これまでの功績を讃えたり、別れを惜しんだりしますが、今後に向けての激励の言葉を贈ることがあります。本人に声をかけるとき、まとめのスピーチをするとき、何と言ったら良いでしょうか。

 LEVEL 1 後輩や親しい友人に

これからも頑張って。

「も」を付けると、これまでの頑張りを認めたニュアンスが出ます。励ましがプレッシャーになりそうな人には、「応援しています」「これからも仲間だよ」「何かあったら相談してね」と。

 LEVEL 2 先輩や知人に

今後とも一層のご活躍を。

スポーツなどの応援を除けば、年上・目上の人に対して「頑張ってください」とは呼びかけにくいものです（言われなくても頑張るよ、と反論されそうですね）。「お祈りしています」を付けてもOK。

 LEVEL 3 上司や年上の知人に。書面での挨拶に

新天地でのますますのご活躍を祈念いたしております。

「退職」「転職」などの語はあまり明言しないのがマナー。「新天地」「新しい挑戦」など、曖昧な言い方にして。「ますます」「一層」と言い、「これまでも活躍していたけれど、さらに」のニュアンス。

挨拶をするときの使い分け

スピーチで使いたい四字熟語

スピーチで四字熟語を使う場合には、意味を理解し正しい使い方をしましょう。

率先垂範（そっせんすいはん）

「率先垂範、まずリーダーの私が目標を達成してみせます」

進んで取り組み、周囲の模範となること。プレイングマネージャーにぴったり。

一意専心（いちいせんしん）

「任されたからには、一意専心で結果を出します」

気を散らさず、一つに集中すること。役職に任命された際のスピーチなどに。

一念発起（いちねんほっき）

「これじゃいかんと一念発起して勉強したわけです」

それまでの気持ちを改め、あることを成し遂げようと決意し、熱心に励むこと。

不撓不屈（ふとうふくつ）

「厳しい状況ですが、不撓不屈の精神で臨みます」

「撓」はたわむ。苦労や困難にも撓まず屈せず、強い意志で立ち向かうさま。

Part 8

メールをするときの使い分け

大人なら毎日行う「仕事のメール」のやり取り。急いでいるとつい簡便な表現になってしまいがちです。また、最近は職場でも、よりくだけたメッセージアプリを使って連絡を取り合うこともあるようです。相手や内容もそうですが、連絡する手段によっても言葉を使い分けましょう。

まずは受け取ったという点の報告をするとき

アプリなどでは既読マークが付くので、受領連絡を怠ってしまいがちです。日程の連絡、大事な資料の送付があったときには、伝わっていることをきちんと伝えた方が安心してもらえ、好印象になるでしょう。

 メッセージアプリなど

とりあえず受け取ったよ。

「まずはありがとう」「詳しくは後で」「また連絡する」など、いったん連絡を入れましょう。「とりあえず」はもともと、「取る物も取り敢えず（＝取ることができずに）」な程、慌てて急ぐ様子です。

 同僚や長い付き合いの仕事相手など

取り急ぎ、ご報告まで。

「取り急ぎ」は、大変急いでいる様子を表し、「とりあえず」よりもきちんとした印象の便利な言葉です。先に受け取りのご報告だけして、内容を精査してのご連絡はまた後で、というときに。

 先輩や上司、取引先など

まずはご報告のみにて失礼いたします。

「取り急ぎ〜まで」のスタイルは便利ですが、「〜まで」と文の途中で終わるような書き方からも分かる通り、簡略化された書き方です。目上の相手には、省略のない形で書くようにします。

ケース 02

すぐにする必要はないが、検討して欲しいと言うとき

判断や処理を要する案件には、「至急」「できるだけ早く」「急がない」の三段階の状況があるものです。今回は三番目の「急がない」の段階であることを示す文言です。「ただし、忘れないでね」という気持ちもこめつつ。

LEVEL 1 メッセージアプリなど

結論はすぐじゃなくて良いんだけど、考えておいて。

「〜しておいて」は、急ぎではないが、一定の時期までの間に行うよう頼む言い方です。「これ、やっておいて」「当日までに資料に目を通しておいて」などと使います。

LEVEL 2 同僚や長い付き合いの仕事相手など

結論は急ぎませんが、ご検討ください。

顧客に当たる相手に、こちらの商品・サービスを利用するかどうかを検討してもらう場合、「前向きにご検討いただけましたら幸いです」のように、良い返事を促す言い方をしても良いでしょう。

LEVEL 3 先輩や上司、取引先など

ごゆっくりで結構ですので、ご一考のほど、よろしくお願い致します。

前半は「お手すきのときで構いませんので」とも言い換えられます。後半のさらにあらたまった言い方には、「ご賢慮いただきますよう」があります。賢いという字で相手を立てた表現です。

メールをするときの使い分け

ケース 03

添付ファイルを間違えたことを詫びるとき

気付いた段階で直ちに連絡します。誤りを認め、削除や再送したものの確認を依頼します。個人情報や機密情報の含まれるファイルを誤送信してしまった場合は、それによって悪影響を被りうる人たちへの報告や謝罪も忘れずに。

LEVEL 1　同僚や友人・知人に

間違ったファイルを送ってしまいました。削除をお願いいたします。

単に古いバージョンを送っただけなら、新しく送った方を見てください、と案内するだけで済むのですが、別の人に送るはずのものなど、相手の手もとにあるのが望ましくないものは削除を依頼します。

LEVEL 2　社内の目上の人、取引先に

先程お送りしたファイルは誤りでした。削除していただけないでしょうか?

「削除してください」というと、ややぶっきらぼうな印象です。こちらのミスなので、「削除していただけないでしょうか」「削除をお願いできますでしょうか」など、下手に出て頼みましょう。

LEVEL 3　特に気を遣う相手、顧客に

手違いで誤ったファイルをお送りしていました。お手数ですが削除をお願い申し上げます。

「迂闊にも」「私の確認不足で」など、非を認める言い方を。削除や削除完了報告をお願いする場合には、「お手数ですが」「ご面倒をおかけしますが」など一言詫びるようにしましょう。

ケース 04

打ち合わせをお願いするとき

会議よりも少人数で、仕事を進める上での相談として行われる、打ち合わせ。社内・部署内など、気軽に集まれる場合はともかく、呼び立てる場合などは、打ち合わせの目的・意図なども添えて頼むようにしましょう。

 メッセージアプリなど

今度○日あたりに打ち合わせ可能？

気楽なやり取りなら「打ち合わせ可能？」「打ち合わせできる？」「打ち合わせしよう」で十分でしょう。「○日暇？」と短く尋ねる人もいますが、それよりは目的を示しながら聞く方が明快です。

 同僚や長い付き合いの仕事相手など

○日頃に、一度打ち合わせをお願いできないでしょうか？

こちらから打ち合わせの話を持ちかける場合、打ち合わせをするのが当然だ、というような、押し付けがましい態度にならないよう気を付けましょう。

 先輩や上司、取引先など

○日前後に、一度お打ち合わせの機会を頂戴したく存じます。

「頂戴する」「頂く」などはへりくだった謙譲語です。打ち合わせなどは、忙しい中から相手に時間を割いてもらうものです。その自覚を十分に持った、謙虚な言い方で頼むようにしましょう。

打ち合わせの
日程候補を出してもらうとき

相手のスケジュールを尋ねる言い回しです。日程調整のためにメールの往復が何度も続くのは煩わしいですので、こちら側に制約がある場合には、あらかじめ伝えてしまった方が親切です。

メッセージアプリなど

いつだったら都合がいい？

「いつ暇？」「いつ空いてる？」よりも、「都合がいい」「都合がつく」「大丈夫」などの言葉で問う方が、相手の忙しさや事情に配慮している感じがして◎。

同僚や長い付き合いの仕事相手など

打ち合わせ可能な日程を
二、三ご提示ください。

「いくつか」を「二、三」とすると、引き締まります。後半は「お示しください」「ご教示ください」「お知らせください」「伺えれば幸いです」「お聞きできますでしょうか」などでも構いません。

先輩や上司、取引先など

ご都合の良い日程を
複数お示しいただけないでしょうか？

「〜ください」の代わりに、控えめな尋ね方の疑問文を用いています。相手のスケジュールを尋ねるのは、一歩間違えば、相手の生活にズケズケ踏み込む不躾な行為です。そうならないよう謙虚に。

ケース 06

以前に送ったメールや郵送物の到着確認をするとき

送ったはずなのに受領報告がなく、相手に届いているのか、届いていたとして相手は見ているのか、を確認したいときのフレーズです。探しやすいよう「○日の○時○分にこちらより送ったメールですが」のように書くと親切です。

LEVEL 1 メッセージアプリなど

○○、届いていますか?
届いていなければ、再送します。

同義表現に「到着しましたか?」。届いたものを見たか、と尋ねる「ご確認いただけましたか?」「既にご覧いただけましたでしょうか?」でも構いません。

LEVEL 2 同僚や長い付き合いの仕事相手など

○○を送ったのですが、届きましたか?
まだでしたら、お知らせください。

「まだでしたら」は、「未着のようでしたら」「見当たらないようでしたら」などでも可能です。

LEVEL 3 先輩や上司、取引先など

○○がお手元に届いていないようでしたら、
お手数ですが、ご一報いただければ幸いです。

こちらで送る際にミスがあった(例:依頼した部下が動いていなかった)恐れもありますので、「お手数ですが」「恐れ入りますが」などクッション言葉を添えるようにします。

メールをするときの使い分け

相手の希望に添えないが、分かってもらいたいとき

同僚や友人・知人からの頼まれごと、お客様センターへの要望・クレーム、取引先からの要求など……。実際には応えられない場合にも、せめて、応答だけは誠意をもって返しましょう。

LEVEL 1 同僚や友人・知人に

申し訳ないんだけど、こちらも色々あって。

親しい仲でも、希望に応えられない申し訳なさは伝えましょう。あまり具体的な事情を説明すると、「私よりそちらの方が大事なの!?」という感情を抱かせかねないので、曖昧に説明を。

LEVEL 2 社内の目上の人、取引先に

申し訳ありませんが、ご容赦ください。

お許しくださいという意味の「ご容赦ください」を使っていますが、よりあらたまった文書では「ご寛恕(かんじょ)」「ご斟酌(しんしゃく)」「ご海容」も使います。「ご承知おきください」のような言い方も使えます。

LEVEL 3 顧客に、書面などでの通知

悪しからずご了承ください。

「悪しからず」は、相手の希望には添えないが、悪く思わないで欲しいという言葉。「了承」は事情を汲んで、納得すること。「ご了承のほど、よろしくお願い致します」のような言い方でもOK。

メールの末尾での挨拶

このメールの先も付き合いを続けたい気持ちをこめて、「よろしく」と挨拶するのが慣例になっています。メールの往復が連続しているときには煩わしい場面もあるでしょうが、メールの切れるときなどは丁重に書くようにしましょう。

同僚や長い付き合いの仕事相手、知人に

引き続き、よろしくお願い致します。

メールの文末の定番です。ある一つの用件に関し、確認・依頼のメールを送っていた場合は「○○の件、よろしくお願い致します」のように具体的に書くのも良いでしょう。

気を遣う相手、先輩に

今後とも、厳しくご指導いただきますようお願い致します。

相手から指摘や指導、助言を受ける立場の場合に使える締めくくりです。「今後とも」ということで、これまでもしっかりと指導してもらったが、これからも引き続き、という気持ちをこめます。

顧客に

今後とも、ますますのお引き立てを賜りますよう、よろしくお願い申し上げます。

「お引き立て」は、あるものを重んじ、目をかけるという語で、意味が広い分、顧客にも取引先にも幅広く使える言葉です。漢語なら「ご愛顧(あいこ)」「ご贔屓(ひいき)」も使うことができます。

メールの末尾での体調への気遣い

ビジネスメールでは「よろしくお願い致します」と締めくくるのが一般的ですが、長く続いたメールの往復が終わるとき、プロジェクト完了の報告・お礼のメールのときなどには、もう一言添えると温かい気遣いが感じられます。

LEVEL 1　同僚や友人・知人など

寒くなりましたので、体調にはお気を付けて。

「寒くなりましたので」の他、「夏バテしてしまいそうな暑さですので」「季節の変わり目ですので」「お忙しい時期かと存じますので」など、時季や状況に合わせて言葉を選びましょう。

LEVEL 2　社内の目上の人、取引先など

朝夕冷え込みますので、お身体を大切にされてください。

「お風邪など召しませんように」と具体的に声をかけることもできます。また、自分の体を大切にすることは「ご自愛ください」「おいといください」ともいいます。

LEVEL 3　あらたまった相手へのメール、書面や手紙など

時節柄、ご自愛専一になさってください。

どの季節でも便利に使えるのが「時節柄」。暑いなら暑いなりに、寒いなら寒いなりに、季節の変わり目なら季節の変わり目なりに、体調を崩す要因はありますからね。「専一」はそれに専念すること。

ケース 10

行き違いになった場合のお詫び

郵送・宅配で届くはずの物が届かない。そういうとき、不安になって問い合わせますね。ただ、問い合わせのメールを出したときに限って、その直後に到着することが……。先に、そうしたケースを織り込んでおく書き方です。

LEVEL 1 同僚や友人・知人など

もう送ってくれていたら、**すみません**。

不安になって問い合わせた＝相手のことを信じていない、とも受け取られかねません。そこで、「既に送ってくれていたなら、これは失礼な問い合わせでした。すみません」と先に謝っておくわけです。

LEVEL 2 社内の目上の人、付き合いの長い取引先など

既にお送りくださっていたら、
申し訳ありません。

より丁重な「申し訳ありません」に置き換えています。「取引先や顧客に」の方で紹介したフレーズは定型文の印象が強いですが、こちらは、書き手自身が書いたフレーズとしての雰囲気が残ります。

LEVEL 3 取引先や顧客に

このメールと**行き違いで**、
ご発送済みの際は何卒**ご容赦ください**。

「行き違い」は「すれ違い」と同じ意味の言葉です。「ご容赦ください」、あるいはさらに丁重な「ご寛恕ください」で、万一非礼をおかしていても、見逃して欲しいとお願いするわけです。

メールをするときの使い分け

質問に回答するとき

メールのやり取りの場合は、相手の質問文も引用した上で回答する方が、情報も整理されて見やすいでしょう。すぐに回答できない場合は、「お調べの上、明日までにご回答申し上げます」など一言断るようにします。

 同僚や友人・知人など

質問の件だけど

必要に応じて、「昨日の午後もらった質問の件だけど」「〇〇に関する質問の件だけど」と、何に答えているか分かりやすいよう、情報を補足しましょう。

 社内の目上の人、付き合いの長い取引先など

ご質問をいただいた件ですが

「ご質問」の部分は「お問い合わせ」「ご連絡」「ご照会」に置き換えても良いでしょう。今挙げた「照会」は、「パスワードの照会」「身元照会」のように、必要な情報を問い合わせて確認することです。

 取引先や顧客に

お尋ねの件、
以下の通りご回答申し上げます。

丁重に回答するときは、どうしても文章が長くなりがちです。一旦、「以下の通りご回答申し上げます」と文を切った上で、その下に回答を続けると良いでしょう。

初めて連絡するとき

初めてのメール、書き出しに悩む人も多いのでは？ パターン別に典型的な表現を紹介します。なお、受け取った側は、社内なら「初めまして」「連絡ありがとうございます」、外の人なら「お世話になります」と返せばOK。

LEVEL 1 社内だが、連絡するのは初めての相手に。プライベートで

初めまして。

社内やプライベートなど、そこまで気を遣わない距離感なら、「初めまして」でOK。社内であれば、「お疲れ様です」などの社内定番の挨拶の後に「初めまして」を添える形でも良いでしょう。

LEVEL 2 既に自社とは縁のある会社・人に

いつもお世話になっております。

自分個人としては初めてでも、会社として付き合いがあれば、「いつもお世話に……」で構いません。あるいは、「初めてご連絡いたします。Aと申します。いつも弊社のBがお世話になっております」。

LEVEL 3 完全に初めての相手、特に気を遣う人に

突然ご連絡を差し上げまして、恐れ入ります。

驚かせてすみません、の趣旨で。他に「初めてご連絡させていただきました」。紹介してくれた人がいる場合にはその旨を書き添えましょう（「A様よりご連絡先をうかがいました」など）。

メールをするときの使い分け

電話番号などの変更を知らせるとき

社名・サービス名・電話番号・メールアドレス・住所などの変更を伝える場合には、「新しい情報」「変更時期」「情報更新手続きのお願い」を3点セットで伝えるようにしましょう。

LEVEL 1 同僚、友人・知人など

電話番号が変わります。登録変更をお願いします。

個人的な携帯電話番号の変更などの連絡は、この程度の簡潔な案内で構いません。登録変更をし損なっている場合もありますので、変更後しばらくは、名乗ったり署名を付けたりすることを意識して。

LEVEL 2 取引先にメール

電話番号を変更いたします。お手数ながら、ご登録をご変更くださいませ。

「お手数ながら」「お手を煩わせてすみませんが」「ご面倒ですが」「お手間をおかけしますが」など、クッション言葉を入れるようにしましょう。

LEVEL 3 書面での案内

○日をもちまして電話番号を変更することとなりました。ご修正お願い申し上げます。

このように、変更のタイミングを本文中に書いた場合であっても、念のため、箇条書きの部分にも、変更日は明記しておいた方が親切です。

ケース 14

添付ファイルの存在を強調するとき

メールを閲覧する環境によっては、添付ファイルに気付きにくい場合があります。前に見落としがあった人の場合、確実に見てもらう必要がある場合、念のため、一言添えておくと良いでしょう。

LEVEL 1　一般的な言い方

添付ファイルを必ずご参照ください。

「ご参照いただけますか」のように疑問文にしても良いですし、「ご覧ください」「ご確認ください」「ご査収ください」と言葉を入れ替えても構いません。「参照」は、照らし合わせて参考にすること。

LEVEL 2　上品な言い方

◯点、添付ファイルがございます。お見落としなさいませんように。

和語を使い、やわらかく伝える言い方です。「絶対見て」「チェックし忘れないで」と声をかけるのは、少々相手を下に見るような部分もありますが、言い方を上品にすれば、その印象を防げます。

LEVEL 3　重要な書類などを送っているとき

添付ファイルが◯点ありますので、確実にお目通しいただきますようお願い致します。

あらたまった言葉遣いの中では、「絶対に」とは書きにくいものです。「確実に」「着実に」の方が、通りは良いでしょう。一つの場合も複数の場合も点数を明記することで、見てもらいやすくなります。

メールをするときの使い分け

一筆箋、伝言メモ、付箋の一言

資料やお土産などにちょっとした一言を添えると印象アップします。

○日○時までにお目通しいただきますようお願い致します。

資料のチェックをお願いする際は、期限を明確に。「お目通し」は目上の人が書類に目を通すことを敬って言う語。

資料請求ありがとうございます。お役に立てましたら幸いです。

お問い合わせに対し、手書きの文字で一言添えることで、事務的でない温かみが感じられます。

帰省のお土産です。どうぞお召し上がりください。

休憩スペースや不在の人のデスクにお土産を置くときは、メモで一言添えるようにしましょう。

先日はありがとうございました。おかげさまで上手くいきました。

他に「順調に進みました」「首尾よく運びました」「つつがなく終了しました」。相手あってこそという感謝を。

\第2部/

社会人として知っておくべき言葉の使い分け辞典

ワンパターン表現

「すごい」「やばい」「がんばる」のような言葉は便利ですが、頼りすぎると語彙がどんどん減っていきます。これらの言葉を使いそうになったら、積極的に言い換えるようにしましょう。日々の使い分けの意識が、じわじわと使いこなせる表現を増やします。

がんばります

鋭意努力します

「鋭意」は一生懸命励むことで、副詞的に使うことが多い言葉です。「鋭意研究を進めております」のような形で用います。「鋭意」をうまく使うことで、真摯に励む姿勢をアピールすることができます。

> 例
> 納期に間に合うように鋭意努力します。

馬車馬のように

頑張る人間を、馬車を引く馬にたとえた言葉です。わき目も振らず、一心不乱に馬車を引っ張るように、一つの物事に集中して取り組む必死さを示しています。「一つの物事に集中する」という意味の熟語「専心・専念」なども覚えましょう。

> 例
> せっかくのお仕事ですので、馬車馬のように取り組みたいと思います。

駑馬に鞭打って

「駑馬」とは、足の遅い馬。比喩的に、才能が劣る者を表します。慣用句「駑馬に鞭打つ」で、能力のない者に無理に能力以上のことをさせる意味になります。自分のことを謙遜して言うときに使い、他者に使うことは避けましょう。

> 例
> お力になれるよう、駑馬に鞭打って進めたいと思います。

汗を流す

汗が労力や奔走をイメージさせ、「苦労をいとわずに働く」という意味になります。汗を使った慣用句には「一生懸命働く」という意味のものが多く、他には「額に汗する」「汗水を垂らす」などがあります。

> 例
> 公民館に避難してきた被災者の救護に汗を流す。

ワンパターン表現

持ちこたえます

「持ちこたえる」は、ある状態をどうにか保つこと、悪い状態に負けないで支え続けることです。「天気が持ちこたえる」とも使いますね。「こたえます」は漢字で「堪えます」と書き、これだけで、がまんして耐える意味を表します。

例

最終日までなんとか<u>持ちこたえ</u>られるようにします。

奮励（ふんれい）する

「奮励」は、気力を奮い起こして励むことです。「奮励努力」という四字熟語も。漢語は強い印象を与えるため、誠実さを印象付けるには効果的ですが、臨機応変に「…に勤しむ（いそ）所存です」などの和語とも使い分けられるようになりましょう。

例

〇〇様を見習って、私も<u>奮励</u>したいです。

バリバリ働く

「働く」ことを修飾する場合の擬態語「バリバリ」は、精力的に物事を進める様子、張り切って取り組む様子を表します。
やや俗語臭がありますが、その分、若さのエネルギーや、やる気の漲（みなぎ）った勢いが伝わります。

例

こちらの要求以上に、<u>バリバリ</u>働いてくれる人材だ。

せっせと働く

休まずに頑張って働く様子。こちらは「バリバリ」のような積極的・精力的なイメージではありません。休まずサボらず仕事に励んで、少しずつ着実に進めるというニュアンスです。

例

母が<u>せっせと働く</u>姿を見ていると、自分がもっとしっかりしなければと思ってしまう。

すごいです

どえらい

もとは、東海地方以西の方言でしたが、今は、全国区の言葉として通じるようです。程度がはなはだしい・すごいという意味の「えらい」に、強調語の「ど」がついた言葉なので、途方もなくすごいという意味になります。口語的。

例

〇〇君もどえらい提案をしたものだ。

凄まじい

「凄まじい」は、並外れた様子を表す言葉です。「すごい」の語彙は、悪い状況に使う言葉（「やばい」など）を強調のために良い状況に転用したものが多く、「凄まじい」も、もとは荒涼とした寒々しい様子でした。

例

新作のアイスが凄まじい勢いで売れています。

目覚ましい

古くは、身分の低い者が身の程を超えたふるまいをするのを見て、身分の高い者がはっと驚き呆れる様子を表しました。今は、否定的な用法はすたれ、「目覚ましい働き」「目覚ましい成長」のように肯定的な意味で使います。

例

目覚ましい活躍をしているとうかがっています。

驚異的

「驚くほど素晴らしいさま」を表す言葉です。「驚異」だけでも使いますが、「〜的」をつけて使う例が多く見られます。幅広い状況に使うことができ、あまりくだけた印象もないのでビジネスシーンや手紙にも使えます。

例

そのサラブレットが見せた驚異的な追い上げは、今でも人々の記憶に残っている。

激甚
（げきじん）

「甚」の訓読みは「甚だしい」（はなはだしい）で、これだけでも、並外れた程度を表すように、激しいと付けて、非常に激しい様子を表します。「激甚災害」といえば、特別の助成や財政支援が必要と認められるほどの災害です。

例
先日の大雨で激甚な被害があった。

おびただしい

数や量が非常に多い様子・程度が激しい様子を表します。後者の場合、「無責任なことおびただしい」「だらしないことおびただしい」のように、「…ことおびただしい」の形で使います。あまり良いニュアンスでは今は使いません。

例
おびただしい数のペットボトルが捨てられていた。

アメージング

驚くべき様子を表します。単独で「アメージング！」と言えば、「すごい！」「びっくり！」などのように感動詞的にも使えます。外来語では、「ナイス」「ダイナマイト」「ファンタスティック」「ブリリアント」なども。

例
先週の試験でアメージングな点数を取りました！！

天晴れ
（あっぱれ）

誰もが知ってはいるけれど、使う機会の少ない言葉ではないでしょうか。やや時代がかった感じもあり、若い内はなかなか使いづらいでしょうが、相手の印象に残るかもしれません。

例
彼の考案した天晴れなアイディアは、社内で高い評価を受けた。

ワンパターン表現

やばいです

一大事です

放置できない難しい事態を「一大事」と言います。重大なトラブルが起きた際、その緊急性・深刻性を表すのに使います。もとは仏教用語です。

> **例**
> この時期にエアコンの故障とは、一大事ですね。

崖っぷちです

「崖っぷち」は文字通り「崖のふち・へり」のこと。転じて、追い詰められたぎりぎりの状態を言うようになりました。「崖っぷちに立たされる」「崖っぷちで踏みこたえる」のように使います。類義語に「瀬戸際」「土壇場」などがあります。

> **例**
> 先週も大会で欠席したので、授業出席日数が崖っぷちです。

危惧されます

「危」は「あやぶむ」こと、「惧」は「おそれる」ことを表し、「危惧」全体で、良くない事態になるのではないかと恐れ、心配する意味の熟語です。心配することを表す言葉には、ほかに「懸念する」「憂慮する」などがあります。

> **例**
> 店舗数の減少で集客力の減少が危惧されます。

驚天動地

世の中がひっくり返るような驚くべき出来事、という意味の四字熟語です。「やばい」は悪い事態だけでなく、驚いたときにも使います。とにかく驚いた、衝撃を受けたことを伝えるときに使うと良いでしょう。

> **例**
> 彼は「まだ驚天動地の秘策が残っている」と強気の姿勢を崩さない。

ワンパターン表現

危急存亡
（き きゅうそんぼう）

「危急存亡の秋（とき）」は故事成語で、危険が迫り、存続できるか亡びるかの瀬戸際であること。「秋」は「とき」と読み、五穀の実る季節であることから、「最も重要なとき」を象徴する漢字です。普通は、国や会社など大きな組織の危機に使います。

例

本プロジェクトこそ、社にとって危急存亡の秋と考えて欲しい。

感慨無量

「感慨」は深く感じること、「無量」は計り知れないことを表します。全体で、たいへん深く感じ、しみじみと思う様子です。いい意味での「やばい」。略して「感無量」とも。さまざまな気持ちが一度に溢れ、言葉にならない状況です。

例

感慨無量で、ライブの感想が言葉にならない。

心が震える

物事に深い感銘を受けたり、強い印象を受けて心を奪われたりすることを表します。「胸を打たれる」「心を打たれる」なども、同じ「感動する」言葉の仲間です。訓話・名言には「感銘を受ける」をよく使います。

例

国宝級の絵を見て心が震える。

まずいです

「やばい」を「まずい」に言い換えても語彙のレベルは同じぐらいですが、若者言葉の乱れた感じは軽減されます。はっきり言いたくないことを濁すときに、つい口にしますが、こちらも多用してワンパターンにならないように。

例

これは、その、大変まずい状況と申しますか…

たいへんだ

苦しい状況だ

思うようにならない状況です。「厳しい状況」「辛い状況」「難しい状況」「過酷な状況」のように、「状況」の前の言葉を変えれば、露骨な表現を避けつつ、微妙なニュアンスの違いを表現できます。

例

お互い苦しい状況ですが、乗り切りましょう。

想定外だ

「想定外」は、あらかじめ想定していた範囲を外れたこと。「予想外」もありますが、厳密には、「予想できなかった」場合に「予想外」、「予想はできたが対策を立てるべき問題と認識しなかった」場合は「想定外」と使い分けます。

例

この段階で想定外のトラブルに苦しめられるとは思わなかった。

途方もない

「途方もない」は、並外れている様子です。「途方」は「方法」や「道理」ですから、そうしたものでは扱いきれない、常識外れのレベルであることを表します。類義語に、「途轍もない」「桁外れの」などがあります。

例

今回のプロジェクトは途方もない道のりだ。

殊の外

「殊の外」は、格別な様子です。もとの表記は「事の外」であるとの説もあります。読みやすいよう、平仮名表記で良いでしょう。

例

久しぶりに食べる甘味は殊の外美味だ。

わかりません

理解できません

「理解」は、筋道立てて物事を捉えること、人の気持ちや立場を察することなどを表します。なお、「無理解」という言葉がありますが、これは、自分がわからないことを言うのではなく、周囲がわかろうとしないことを言います。

> **例**
> その伝え方では<u>理解できません</u>。

釈然としない

迷いや疑いが消えず、心が晴れない様子が「釈然としない」です。納得の行かない状態、腑に落ちない状態です。対義語は「釈然とする」ですが、現代では、この肯定的な表現は、ほとんど使われなくなっています。

> **例**
> 改めて説明を聞いたが<u>釈然としない</u>。

胸がモヤモヤする

「モヤモヤ」は、心の中の疑い、不足感、迷いなどが解消されずに残り、さっぱりしない様子を表します。明確な怒りなどとは違って、原因をこれと名指せない、まさに「靄」がかかったような気分です。

> **例**
> 本当にこれでよかったのかと<u>胸がモヤモヤする</u>。

心当たりがない

「心当たり」とは、自分の記憶や経験の中に見つかること、思い当たることです。似た表現の「身に覚えがない」は、特に悪事を疑われたときに使います。「心当たりがない」は、悪事に限らず、広く使います。

> **例**
> いつ落としたのか本当に<u>心当たりがない</u>。

いいと思います

妙案
（みょうあん）

「妙」には〈素晴らしい〉という意味があります。「絶妙」と使いますね。「妙案」は〈素晴らしいアイディア〉です。「妙薬」なら〈素晴らしい薬〉、「妙味」なら〈素晴らしい味〉という意味です。

例
その計画は妙案だと思う。

好感が持てます

「好感」は、好ましい印象です。「好感を感じる」という言い方は、「感」が重なるので避けましょう。「好感を持つ」「好感を抱く」などが、違和感のない言い方です。

例
プレゼン資料を読む範囲では、好感が持てます。

適任だと思います

「適任」は、その任務に適している様子です。「適」は〈ふさわしい〉という意味を表す漢字なので、「適温」「適職」なら、「ちょうどいい温度」「その人に合う職業」という意味になります。

例
その仕事なら彼が適任だと思います。

マッチしている

「マッチ」は、組み合わせ。「マッチする」で、その組み合わせがぴったり合うことです。類義の和語に「適う」「はまる」があり、「理屈に適う」「意に適う」「役にはまる」「条件にはまる」のように使います。

例
私の志向にマッチしている。

ウケる

ワンパターン表現

人気を集める

「ウケる」とは「人々に受ける」こと、つまり「人気を集める、好評を博する」意味です。「人気」は、「人気が出る」「人気をさらう」「人気が上がる」「人気がある」のように使います。「注目される」「耳目を集める」とも。

例
古めかしいロックバンドが<u>人気</u>を集めている。

もてはやされる

「もてはやす」は、盛んにほめること、多くの人が口々に話題にすることを表します。「もて」は、動詞について強調したり語調を整えたりする接頭語です。

例
美白に効果があると<u>もてはやされた</u>食品。

失笑する

近年の「ウケる」は、従来の「人気を集める」意味ではなく、「笑える」意味で使われることが多くなっています。笑うには不適当な場面で、思わず笑ってしまうことが、本来の「失笑」です。今では、苦笑する意味でよく使われています。

例
あまりに必死な姿に<u>失笑</u>してしまう。

片腹痛い

「片腹痛い」は、分不相応に振る舞う人を見て、滑稽で苦々しく感じる様子です。「笑う」は「笑う」でも、相手を見下して嘲笑する、冷笑するようなニュアンスです。

例
あの程度で家柄自慢とは、<u>片腹痛い</u>。

大丈夫です

安泰です

「安泰」は、おだやかで不安や危険のない様子を表します。これからしばらくの間、無事で安らかであると見込めるわけです。

例

これで10年は安泰ですね。

無難な

「無難」は、特に優れている点もないが欠点もない様子、危険のない様子を表します。他人があれこれやってくれたものに対し、「無難だ」と評価するのは失礼なことです。

例

無難に対処できたので、信頼を損なってはいない。

肝が据わっている

「肝が据わっている」は慣用句で、めったなことでは動揺せず、度胸があるという意味です。類義語に「腰が据わっている」「腹が据わっている」などがあります。「据わっている」とは、落ち着いていることで、「座っている」とは意味が違います。

例

緊張するだろうが、彼は肝が据わっているから成功するだろう。

必要ありません

飲食店で「水のお代わりはいかがですか」と問われ、不要だと答える代わりに「大丈夫です」と言う若者が増えています。好意をむげに断ることを避けたいという意図でしょうが、趣旨がはっきり分かる言い方の方が望ましいでしょう。

例

水のお代わりはもう必要ありません。

幸いです

ワンパターン表現

助かります

「助かる」は、負担・労力・苦痛・費用などが少なく済んで、ありがたいという意味です。「…していただき、助かりました」「…していただければ、助かります」という感謝やお願いで使います。少しカジュアルな印象。

例

予定より早く仕上げていただき、大変**助かります**。

幸甚です（こうじん）

「幸甚」は、幸い甚だしいわけですから、非常に幸いなこと、ありがたいことを表します。相手が目上の方なら、「……幸甚に存じます」と、謙譲語の「存じる」と合わせて使いましょう。

例

息子の体調についてご配慮いただき**幸甚に存じます**。

ありがたいです

「ありがたいです」は、人の好意に感謝する言葉です。もとは、有るのが難しいほど、めったになく素晴らしいというニュアンスでした。特に改まった場面では、「ありがたいことでございます」を使います。

例

温かいスープを出していただけるだけで**ありがたいです**。

ナイスです

「ナイス」の意味は、良い、素晴らしいなどです。ざっくばらんに物が言える関係で使い、この例文の場合は、そうしてもらえると「いいな！」といった気分を表します。

例

買い物のついでにお酒も買ってきてくれると**ナイスです**。

とても

すこぶる

普通の程度を大きく超えている様子を表します。「祖父母は、どちらもすこぶる元気だ」「すこぶる不愉快な話を聞かされた」のように、良い場合にも、良くない場合にも使います。やや古い印象の言葉です。

> **例**
> 今朝はすこぶる寝覚めがよかった。

甚だしく

この「甚だしく」は、普通の程度から極端に外れている様子を表す、副詞的な用法です。類義語に「著しく」があります。こちらは、「成績が著しく伸びた」のように肯定的に使う方が多いです。

> **例**
> 病院が甚だしく混んでいて、大変待たされた。

至って

「至って」は、到達する意味の動詞「至る」から派生した副詞で、極めて甚だしい様子を表します。類義語に「至極（しごく）」「極めて」などがあります。

> **例**
> 至って真面目な話をしている。

心の底から

自分が思っていることが嘘偽りのない本心であるということ。「心の底から愛している」と言えば、単に「とても」の一言だけとは比べものにならないほど真剣さが増しますね。感動や驚きを伝えるときにも使える一言です。

> **例**
> この間は手伝ってくれてありがとう。心の底から感謝しているよ。

ワンパターン表現

滅法
（めっぽう）

「滅法」は、並外れた様子です。「滅法難しい事案のようだね」「滅法落ち込んでいるじゃないか」のように、用言全般を強調します。もとは、仏教用語で、すべての因果関係や人の悩み苦しみから解き放たれた、高度な悟りの境地を表します。

例

私はこの手の知能テストに滅法強い。

こよなく

古語の形容詞「こよなし（越ゆなし）」から転じた副詞です。越すもののない、つまりこの上ない、格別な様子を表します。現代では賛美の情感を伴った言葉として「文豪がこよなく愛した古都」のように使われています。

例

高カロリーのラーメンをこよなく愛している。

メキメキ

擬態語の「メキメキ」は、進歩や発展の仕方が目立って早い様子です。類義語に「みるみる」「ぐんぐん」「どんどん」などがあります。なお、「メキメキ」は勢いをもって進歩する様子を表すのに対し、「めっきり」は逆、全くダメなこと。

例

祖父のスマホの扱いがメキメキ上達している。

実に

短い一言ではありますが、程度の甚だしさに感嘆の気持ちや重みを含ませることができます。「とても」ばかりの表現から脱出するための第一歩として最適ではないでしょうか。「実に素晴らしい」「実に感動的な」という使い方ができます。

例

実に素晴らしい機会をいただいて、大変光栄です。

考えます

愚考します

「愚考」は、ここでは〈自分の考え〉をへりくだって言う言葉です。類義語に「愚見」があります。書面なら意味は一目瞭然ですが、会話の場合には「愚考」を避け、「個人的な考えですが、」のような言い方をすると通じやすいでしょう。

例
ここは正面からの突撃あるのみと愚考します。

ご提案ですが

「提案」は、考えを提出することです。「ご提案ですが…するのはどうでしょうか」と、相手に問いかけることで、考えを押しつけられているという印象が軽減できます。「あくまで一つの」「一応の」と付けると、さらに遠慮がちに。

例
ご提案ですが、カーテンを二重にするのはどうでしょうか。

思います

「…だと思います」は、「…です」と断定する言い方に比べ、自分の考えを押しつけない、やわらかな感じになります。個人の見解というより、一般化された意見である場合は、「～だと思われます」「～と見られます」など。

例
紫色より黄色のほうがきれいだと思います。

改善します

「改善」は、良くなるように考えて悪い点を改めること。深く言い切る「…なるようにします」に比べ、「…なるよう改善します」の方が、丁寧な印象ですし、万一うまくいかなかったときも、言い逃れができます。

例
できるだけ工数の少ない方法になるよう改善します。

Part

2

ビミョーに似ている言葉

意味が似ている言葉は混同しやすく、使い分けが難しいものです。しかし、適切に使いこなせれば語彙を飛躍的に増やすことができるでしょう！　あいまいで済ませてしまいがちな漢語や慣用句の正しい意味も、ここで確認することができます。

体を休める

摂生
せっせい

「摂生のため」は、別の言い方では「健康増進のため」ということ。「養生」とほぼ同じです。「不養生をしている」とか「不養生で」と、「不」を付けて否定的に使われることもあります。

例
摂生のため、飲み会の回数を減らしている。

療養
りょうよう

「摂生」「養生」は健康な状態を保つ、より良くするという意味でも使いますが、「療養」は病を患っている場合に使う言葉です。「自宅療養中」と言えば、病気を治すために自宅で養生している、ということになります。

例
しばらくの間、温泉で療養するといいだろう。

リフレッシュ

「体を休める」という点では「摂生」「養生」と同じですが、「健康になる」という意味は含んでいません。気分を一新して元気になる、活動のエネルギーを充電するという意味合いが強くなります。

例
長い休暇をとってリフレッシュしてきた。

骨休めをする

「休息」「休憩」を意味する言葉ですが、疲れた体を休める場合によく使われます。ちょっとした息抜き程度の休みのイメージ。「健康になる」「元気になる」という意味は含まれません。

例
仕事や家事で忙しい日が続いたので、骨休めに温泉に行こう。

隠しておく

内緒

「内緒話」「内緒にする」というように「内々に秘密にしておく（隠しておく）」という意味です。「内緒にしてください」などと言うのは、カジュアルなので、仕事などで目上の人に対しては、「内密」の方が良いでしょう。

例

娘が僕に<u>内緒</u>の話を聞かせてくれた。

内密

「内緒」とほぼ同じ意味ですが、「内密」は少し堅い印象です。仕事上の機密情報を黙っておく感じです。職場の上司や目上の人に使う場合は、「ご内密に進めていただけますか」などと言います。

例

今回の契約は<u>内密</u>に進めてくれ。

秘密

「秘密の話」「秘密にしておく」のように「内緒」と同じように使えますが、「秘密をもらした」のように、「隠しておく内容自体」を表すこともあります。

例

ここで話したことは<u>秘密</u>にしておいてください。

密か

人に知られないようにする様子を表す言葉です。「密かに…する」「密かな思い」のようにも使います。「こっそり」とほぼ同じ意味です。

例

タバコをやめようと<u>密か</u>に決心した。

望む

熱望

文字通り「熱心に望む」という意味で、強い期待、渇望を表します。「切望」や「希求」とほぼ同じです。「切望」には「切望してやまない」という表現もあります。

例
プロジェクトの実現を熱望している。

渇望 (かつぼう)

「渇」の字のごとく、のどが渇いているような状態で何かを望むという意味合いです。欲しくてたまらないものがあったら、「熱望」「切望」よりも「渇望」を使う、切迫した気持ちがより伝わるでしょう。

例
住居環境の改善を渇望する。

待望

「熱望」「切望」「渇望」と違い、まだ実現していない事柄が実現するのを待っている状態を表します。文例のように「待望の○○」という使い方が多く見られます。

例
人手が少ない中、待望の新人が配属された。

心待ちにする

「待望」とほぼ同じ意味ですが、「心待ちにする」は、「心の中で」「良い結果を期待して」待っている状態を表します。娘の帰省は「待望」よりも「心待ち」の方がしっくりきますね。楽しみにする思いが伝わる温かい表現。

例
娘の帰省を心待ちにしている。

要となること

ビミョーに似ている言葉

要点

「話の要点」「計画の要点」などというように、物事の中心となることや重要な点を表す言葉です。英語のpoint（ポイント）もほぼ同じです。

例

要点がよくまとまったスピーチ。

要所

「物事の重要な点」という意味では「要点」とほぼ同じですが、「交通の要所」というように「重要な場所」を表すときは「要所」を使います。全体を進める中での勘所というニュアンスも強く、「要所要所」という使い方もあります。

例

要所で上司が助け船を出す。

要項

「必要事項をまとめたもの」を言います。「要綱」もよく見ると思いますが、これは「大切な事柄をまとめたもの」で、国や地方自治体の指針などをまとめた文書などに使われます。

例

募集要項をよく読んでおいてください。

勘所
かんどころ

「勘所を押さえる」は、「要点を押さえる」とほぼ同じように使えますが、全体をまとめる点というよりは、成否を分けるポイントのことを言います。「勘所がわかっている」「…が勘所だ」などと使います。

例

頼んだ仕事の勘所をよく押さえている。

悔しがる

残念

心残りなことや、悔しいことがある場合に広く使われる言葉です。悔しさの程度はさまざまでしょうから、気持ちを的確に伝えるには残念以外も取り入れる工夫が必要ですね。

例

彼の異動をとても残念に思う。

無念

仏教では「念慮をもたない」という意味ですが、一般には、とても悔しい気持ちを表すときに使われます。「無念です」と言うと、他人事でなく自分自身の気持ちとして、本当に残念なんだなという印象を持たれます。

例

最後までこの仕事に関わることができず無念だ。

遺憾

「残念」とほぼ同じ意味ですが、改まった場では「遺憾」が好んで使われます。他人への非難でも用いる他、謝罪の場で使われるのをよく耳にしますが、実は謝罪や反省の意味はありません。

例

この度の総会ですが、遺憾ながら欠席させていただきます。

痛恨

「残念」な気持ちが強く、心がひどく痛んでいる様子を表します。悔しくて仕方がないとき、思わず「痛恨の極みだ」と言うことがありますね。あまり使う場面に出くわしたくはないですが……。

例

期待に応えられなかったことは痛恨の極みだ。

贈る

ビミョーに似ている言葉

寄贈

学校や病院、施設、団体などに物を贈るときによく使われます。お金を贈るときは使いません。敬意を込めて人に物を贈る場合は「贈呈」が良いでしょう。もらった側は、「ご恵投」「ご恵贈」「ご恵与」と表すことも取ります。

例

○Bから<u>寄贈</u>された旗を部室に飾る。

進呈

物を贈るとき、「進呈」は主に目上の人に対してへりくだって言う場合に使います。同じ意味の「贈呈」は、「花束の贈呈」「記念品の贈呈」など改まった式典などの場でよく使われます。

例

自著を<u>進呈</u>いたしますので、ぜひ読んでみてください。

寄付

「寄贈」よりも幅広い場面で、お金を贈るときにも使います。寄付をする相手も、公共事業から個人までさまざまです。「寄附」という字もありますが、これは主に法令や公的文書で使われています。

例

卒業した小学校にピアノを<u>寄付</u>した。

遺贈 (いぞう)

法律上、遺言によって財産を譲る場合は「遺贈」、契約によって財産を譲る場合は「贈与」を使います。後者は一般に、お金や物を与えるときにも使われます。

例

親しくしていた人から高価な骨董品(とうひん)を<u>遺贈</u>された。

捧げる
ささ

貢献

例文のように、人や団体、社会のために力を尽くすと言う場合に使われることが多いですが、もともと「みつぎものを献上する」という意味もあり、目上の人に対する行為に対して使われます。

> **例**
> 事業の拡大に貢献してくれた社員。

寄与

「貢献」とほぼ同じ意味ですが、「寄与」は社会に対して力を尽くしたり役に立つことを行ったりするときに使います。条文の中でも、「…の向上に寄与し」などど使われていますね。

> **例**
> 社会の発展に寄与したいという一心。

献身

誰かや何かのために力を尽くすという意味で、「献身」は自分の利益を顧みずに、相手を優先して行う行為に対して使われます。「献身的」な行いには自己犠牲の精神があるというわけです。

> **例**
> 献身的な努力で偉業を成し遂げる。

奉仕

「献身的に尽くす」という意味もあり、自己犠牲の精神があるのは「献身」と同じです。「奉仕」は団体や社会に対する行為に使うことが多いようです。

> **例**
> 定期的に奉仕活動をしている。

苦労する

ビミョーに似ている言葉

辛苦
しんく

文字通り、辛いことがあって苦しい思いをすることを表します。「艱難辛苦」「粒粒辛苦」という四字熟語もあります。後者は、一粒の米を農家が苦労して育てるように、こつこつと苦労を重ねることを言います。

例

辛苦を乗り越えてきた仲間。

難儀

「辛い」という個人の感情のニュアンスよりも、難しくて苦労している状況を表現するのに使います。地域によっては、もう少し軽い意味で、困ったことや面倒なことに対して使われることがあります。

例

イベントの度に天候不順で難儀している。

骨が折れる

「難しい」というより「面倒な」というニュアンスを含みます。「手間がかかる」「厄介だ」と近いです。「気骨が折れる」という言葉もありますが、これはあれこれと気を遣って疲れるという意味になります。

例

これは骨の折れる仕事だ。

肝胆を砕く
かんたん くだ

非常に苦心して努力することを言います。ありったけの知恵をしぼり、心を傾け努力したことがあったら、この言葉を使ってみましょう。「肝胆」はこの場合、内臓から転じて「心の奥底」という意味です。

例

旅館の再建に肝胆を砕く。

何もしないで見る

静観

文字通り「静かに」「観ている」状態を言います。観ている物事や人と何らかの関係を持っている場合に使われ、「見守っている」「何か起きないよう注意して見ている」というニュアンスがあります。

例
当面は状況を静観するつもりだ。

傍観

「静観」とは異なり、第三者的な立場で何もしないで見ている状態を言い、否定的な意味合いを持つことが多いです。「見て見ぬふり」はまさに「傍観」的なふるまいです。

例
彼はただの傍観者だ。

座視

物事に関与しようとしない態度を表します。「傍観」とほぼ同じ意味ですが、「座視」は、「座視できない」「座視するに忍びない」のような使い方が多くみられます。

例
あの人はあえて座視している節がある。

手をこまねく

手出しができずに、「傍観」している状態を言います。「こまねく」は「腕を組む」という意味で、腕を組んで何もしないわけです。似た表現に「指をくわえて見ている」があり、これは「何もできないが、もの欲しそうに」見ている状態。

例
二人が言い争う様子を手をこまねいて見ていた。

移り変わり

変遷
へんせん

時間の流れは、社会、文化、習慣など、さまざまな物事を変化させていきます。「変遷」はそのような移り変わりを言う場合に広く使われます。例えば、「ファッションの変遷」など。「あいつは性格が変遷したね」とは使いません。

例
社会の変遷についてさまざまな視点から研究する。

沿革

学校や企業・団体、都市などの歴史を表す場合に使われます。「沿革」の字は、「旧に沿うこと」（沿）と「旧を改めて新しくすること」（革）から成っています。

例
会社の沿革について講演を行う。

推移

例文のように、統計データや企業の業績などが時とともに変化していくときによく使われます。この場合、「変遷」は使いません。なお「推移」には、「時が経過する」という意味もあります。

例
患者数は横ばいで推移している。

変移

データや業績ではなく、季節、物事、心情などの変化を表します。「遷移」という言葉もありますが、これは植物の変化など専門分野で使われます。

例
過去10年の気温変移を調べる。

ビミョーに似ている言葉

優れた働き

手柄

人からほめられるような行いをしたとき、「手柄を立てた」などと言います。家族、友人、同僚、さまざまな間柄で使われます。

例
今回の成功は、私一人の手柄ではありません。

功績

称賛に値する働きやその努力に対して使われます。「積」としないように注意。「功労」もほぼ同じ意味です。「功績賞」「功労賞」というものがあるように、組織や社会に貢献した人を讃えるときに使われます。

例
彼の積み上げた功績がようやく認められる。

功名

手柄を立てて名声を表すことを言います。「怪我の功名」はよく耳にするかもしれません。この場合は、失敗から予期せず「良い結果を生む」という意味で使われます。

例
あの頃の自分は功名心のかたまりだった。

功業

「手柄」と同じように、「功業を立てる」などと使いますが、使用範囲は狭くなります。著しい功績をあげた事業のことを言う場合もあります。

例
ここに歴代社長の功業が記録されている。

part

3

どっちを使えば いいの?

同じ読みでも違う意味の言葉、「どっち?」となってし
まうことがありますよね。この章は二択クイズの形式で
使い分けとそれぞれの意味を覚えることができるように
なっています。

問

売り上げを（かしょう）に申告する

○ 過少

数量がはっきり分かるものに使います。賃金・納品した商品の数・人数などはっきりと数字で表せる場合はこちらを使いましょう。

例
本来支払うべき額よりも**過少**な賃金だったことを知り、**訴訟**に踏み切った。

× 過小

数値として表しにくいものに使います。「過小評価」の他、規模が小さすぎて実際と合わないときに「過小な予算」と言います。

例
すぐに結果は出なくても自分を**過小評価**しないで、と励ました。

問

書類を（ていけい）郵便で送る。

○ 定形

「形」は「かた・かたち」の読みがあり、英語なら「フォーム」、「型（かた）」は英語なら「タイプ」と表せます。

例
観光地で見つけた木製の葉書を**定形外**郵便で友人に送った。

× 定型

「定型」は、実際に形の見える物より、挨拶やパターンなどを言います。例えば、音数に一定の決まりがある詩は「定型詩」と呼びます。

例
俳句は五七五の17音で表される世界で最も短い**定型詩**である。

問

社長の（さいけつ）を待たねばならない。

○ 裁決

上に立つ者が物事の是非や可否を判断して最終的に決定すること。「決裁」とも。ですから社長の判断を仰ぐときには「裁決」を使います。

例
情報の管理の仕方について理事会に裁決を仰ぐことになった。

× 採決

こちらの「さいけつ」は出席者の賛否の数を調べて議案の採否を決めることに使います。採決で数の多い方に決めるのが「多数決」です。

例
議会で採決を強行するという事態になったことに、世間の批判が集まった。

どっちを使えばいいの？

問

買ったばかりの本の（かいてい）版が売られていた。

○ 改訂

「訂」は言葉や文字の誤りを正すという意味があり、「訂正」「校訂」などの熟語があります。文書の内容を改め直すことは「改訂」と書きます。

例
辞書の改訂で新しく加わった言葉に関心が集まっている。

× 改定

「定」は定めるという意味がありますから、「改定」はこれまでの決まりなどを改めて新しいものを定める、という意味になります。

例
消費税の増税により鉄道運賃も改定されることになった。

問

ご（ こうい ）に甘えて頂戴いたします。

○ 厚意

「厚意」の意味は思いやりのある心のことで、主に行為として表された親切をいいます。同じような意味の「厚情」も覚えましょう。

> **例**
> 旧年中は、格別のご厚意を賜り、厚く御礼申し上げます。

× 好意

その人を好ましく思って抱く親愛感や親切心のことで、好きという感情のことです。

> **例**
> 彼女は明るくてまわりのみんなから好意をもたれている。

問

地域の（ しんこう ）に貢献する。

○ 振興

学術や事業などを盛んにする場合は「振興」と書きます。また、学術や事業などが盛んになること、という意味です。

> **例**
> 地元の人のアイディアを集めて、観光事業の振興を図る。

× 新興

新しく始まりぐんぐん盛んになり成長が見込めること、という意味です。「新興勢力」は新たに力を増してきたグループのことです。

> **例**
> 新興勢力の台頭で、政局は混迷の度合いを増してきた。

問

人間の心理を（ついきゅう）する。

○ 追究

人間の心理について「ついきゅう」するということは、深く突き詰めて、その実態を明らかにしようとすることです。研究のイメージ。

例
彼は哲学によって人間の本質を追究しようとしているようだ。

× 追求

「追求」は「追い求める」と読むことができます。目的のものを手に入れようとしてどこまでも追いかけていくときに使われます。

例
利潤を追求することだけでなく社会に貢献できるかどうかも考慮したい。

どっちを使えばいいの？

問

昼食に（たまご）どんぶりをつくる。

○ 玉子

「玉子」の字を用いるのは主に鳥類の食材としてのたまごのことで、中でも加熱調理したもののことを言うことが多いです。

例
おでんの中で玉子が一番好きだ。

× 卵

こちらは生物学的な卵で、子孫を残すために孵化するものを指すのが一般的です。鳥も魚もカエルも、そして恐竜も「卵」からかえります。

例
カエルの卵を採取して、オタマジャクシからカエルになる様子を観察した。

問 昼と夜の（こうたい）制勤務となっている。

○ 交替

「替」には入れかわるという意味があり、同一の仕事を別の人が時間を分けて入れかわって行うときは、こちらの「こうたい」が使われます。

例 イベントの受付には彼と1時間交替で立つことにした。

× 交代

「交」はとりかえるという意味があり、「代」は役目等をかわるという意味があります。「代役」の「代」もこの意味です。

例 7回途中で投球が乱れ始めたので、監督から選手交代が告げられた。

問 資料を一人ひとりに（はいふ）する。

○ 配付

関係している一人ひとりに配ることを言います。会議の資料や、サークルの会報を配るときは「配付」が適切でしょう。

例 セミナーの参加者には事前に資料を配付しておくことにした。

× 配布

こちらの「はいふ」は、不特定の多くの人に広く行きわたるように配ることを言います。

例 ビッグニュースが飛び込んできたので、街頭で号外を配布した。

問 製品の（とくちょう）をアピールする。

○ 特長

「特長」と書いた場合は、そのものの特に優れているところのことを指します。「長」は「長所」のことだと考えると捉えやすくなります。

例
この製品は、収納時コンパクトにまとまるところが特長です。

× 特徴

他と違って目立つ性質や、他のものと見分ける手がかりになる性質のことを「特徴」と言います。良い点も悪い点も含みます。

例
これといった特徴がない顔立ちだが、笑うと白い歯が印象的だった。

どっちを使えばいいの？

問 倒産した企業の（せいさん）を担う。

○ 清算

「清」は整理する、という意味です。つまり、財産関係を整理し後始末をつけるときに使われます。人間関係を整理するのも。

例
借金を清算して、新たな人生を歩むことを決意する。

× 精算

「精」には詳しい、細かいという意味があります。こちらの「せいさん」は細かく計算するという意味になります。交通費の精算など。

例
バーベキュー大会の後、それぞれの費用を精算した。

問

礼儀正しく（かんしん）な子どもだ。

○ 感心

ある出来事に感動し心が動かされる。そんなときは、心が動かされる、という意味の「感」を使った「感心」です。

例

外国人に流暢に道案内をした彼の英語力に感心した。

× 関心

あることに心がひかれて、それに興味を向けることです。「洋楽に関心がある」「政治に関心を持つ」などと使います。

例

彼の最大の関心事は、サッカーリーグの優勝の行方である。

問

バラの絵を（かんしょう）する。

○ 鑑賞

人為の加わった芸術的なものに対して、そのよさを理解し味わうときに使われます。音楽や映画、演劇などにはこちらを使います。

例

人気になっている若手俳優の演劇を鑑賞して、人気の理由を納得した。

× 観賞

「観」は「観光」「観測」などと使われるように目でよく眺める、という意味があります。動植物や自然の風景を見て楽しむときはこちら。

例

縁側に座って虫の声を聞きながら、名月を観賞する。

問 部署と名前の（たいしょう）リストを作成する。

○ 対照

照らし合わせて比べたり、違いの目立ついくつかのものを並べる場合に使われるのが「対照」です。

例
最後に間違いがないかどうかを、原文と対照して確認した。

× 対象

「対象」はターゲットのこと。ある事柄や活動が向けられる相手、あるいは目標や目的とするものを言います。

例
この調査の対象は高齢者なので、若者の考えは反映されていない。

どっちを使えばいいの？

問 あまりにも管理がいい加減なので（ふしん）感を覚える。

○ 不信

このままで大丈夫なのかなと心配になることがあります。そのときに抱く感情は、信用できない、という「不信感」です。

例
一人の政治家の虚偽の発言が、政治不信を招いた。

× 不審

こちらは、どこか変だといぶかしく思われる様子やその点のことです。「不審に思う」などと使い、「不審感」とはあまり言いません。

例
駅構内の不審な包みに、一時騒然となった。

問

（ かき ）オープンのレジャー施設。

○ **夏季**

「季」の字からもわかるように、季節としての夏を意味し、夏だからこそ行われることに用いられます。

例
夏季オリンピックにスキー競技がないのは当然のことだ。

× **夏期**

「期」は一定の長さの月日のまとまりを表す漢字です。夏という季節だからオープンする、という意味の文では「夏期」は使いません。

例
夏期講習も受けたが冬期講習も受けることにした。

問

優勝するためには
（ きょうこう ）手段が必須だ。

○ **強硬**

相手に譲らず自分の立場・主張を強い態度であくまでも押し通そうとすることやその様子のことを言います。

例
強引な決定に一部の人から強硬に反対する意見が出てきた。

× **強行**

障害があっても無理を押しきって強引に行うこと。「強硬」が態度や様子を表すのに対して、「強行」は行動そのものを表しています。

例
悪天候をついて登頂を強行するのは避けるべきだ。

問 コンペに向けて（たいせい）を整える。

○ 態勢　　　× 体制

ある物事に対応する身構えや態度のこと。一般的には一時的・臨時的な状態の構えを「態勢」と書きます。

「体制」と書いた場合は、国家・社会・組織などの長期にわたる仕組み・様式で、制度化・組織化できている状態を言います。

例
ここの学校は、帰国子女の受け入れ態勢が整えられている。

例
資本主義体制が整っていく過程を調べてみた。

どっちを使えばいいの？

問 スピーチの終わりに（せいちょう）を感謝する。

○ 清聴　　　× 静聴

相手が自分の話を聞いてくれたことを敬っていう言葉。また、最後まで聞いてくれたことを感謝するニュアンスも含まれています。

「静聴」の意味で捉えると、聴衆に向かって、あなたたちが「静かに聞けた」ことを感謝します、という失礼な言い方になります。

例
「長時間にわたりご清聴ありがとうございました」と挨拶する。

例
司会者が講演の前に「どうかご静聴願います」と言った。

著者

吉田裕子

国語講師

大学受験塾で難関大学志望者を指導。言葉や古典文学の見識を活かし、朝日カルチャーセンター・NHK学園などで、大人向けの講座にも登壇している。NHK Eテレ「Rの法則」「ニューベンゼミ」に国語の専門家として出演するなど、テレビやラジオ、雑誌などのメディアでも活躍。著書に『品よく美しく伝わる「大和言葉」たしなみ帖』（永岡書店）、『会社では教えてもらえない 人を動かせる人の文章のキホン』（すばる舎）ほか多数。言葉遣いや語彙を取り上げた、『正しい日本語の使い方』（枻出版社）と『大人の語彙力が使える順できちんと身につく本』（かんき出版）の2冊はどちらも10万部を超えるベストセラーになっている。東京大学教養学部・慶應義塾大学文学部卒業、放送大学大学院修了。三重県出身。

イラスト	平松慶
本文デザイン	萩原弦一郎（256）
DTP	センターメディア
校正	西進社
編集協力	一校舎

大人の語彙力　使い分け辞典

著　者	吉田裕子
発行者	永岡純一
発行所	株式会社永岡書店
	〒176-8518　東京都練馬区豊玉上1-7-14
	TEL.03(3992)5155（代表）
	03(3992)7191（編集）
印　刷	精文堂印刷
製　本	ヤマナカ製本

ISBN978-4-522-43634-9　C0030
落丁本・乱丁本はお取り替えいたします。①
本書の無断複写・複製・転載を禁じます。